国家自然科学基金项目（71704010；713201

教育部人文社会科学研究一般项目（17YJC6

北京市社会科学基金研究基地重点项目（17JDGLA010）

中央高校基本科研业务费（FRF-BD-17-008A；FRF-TP-16-008A1）

绿色化视角下
能源效率评价与
异质性提升策略

王晓岭 ◎ 著

LVSEHUA SHIJIAOXIA
NENGYUAN XIAOLV PINGJIA YU
YIZHIXING TISHENG CELUE

中国财经出版传媒集团
经济科学出版社
Economic Science Press

图书在版编目（CIP）数据

绿色化视角下能源效率评价与异质性提升策略／王晓岭著. —北京：经济科学出版社，2018.3

ISBN 978－7－5141－8944－5

Ⅰ.①绿… Ⅱ.①王… Ⅲ.①能源效率-研究-世界 Ⅳ.①F206

中国版本图书馆 CIP 数据核字（2017）第 329502 号

责任编辑：周胜婷
责任校对：靳玉环
责任印制：邱　天

绿色化视角下能源效率评价与异质性提升策略

王晓岭　著

经济科学出版社出版、发行　新华书店经销

社址：北京市海淀区阜成路甲 28 号　邮编：100142

总编部电话：010-88191217　发行部电话：010-88191522

网址：www. esp. com. cn

电子邮件：esp@ esp. com. cn

天猫网店：经济科学出版社旗舰店

网址：http：//jjkxcbs. tmall. com

北京财经印刷厂印装

710×1000　16 开　10.5 印张　160000 字

2018 年 3 月第 1 版　2018 年 3 月第 1 次印刷

ISBN 978－7－5141－8944－5　定价：48.00 元

前　言

因能源独特的经济属性、环境影响和战略意义，能源效率的提高已经成为各国促进经济发展、保障能源安全、应对气候变化和提高环境质量的有效方式。考虑到国家间能源效率水平差距是客观存在的，能源效率的全面提升与追赶，也被看作是后发国家破除国内资源环境约束、应对气候变化谈判、抢占新一轮发展制高点、实现绿色包容增长的关键战略。为此，识别国家间效率水平的差距、落后国家对先进效率水平的追赶以及影响能源效率追赶的异质性因素，就成为学术界和相关政策制定者共同关注的焦点。

在此背景下，本书选择代表性较高且经济层次多样的二十国集团（G20）作为观测对象，基于该样本 2000～2010 年面板数据，利用适用性技术和方法，通过分组分析（将 G20 细分为发达国家组、金砖国家组和其他发展中国家组），形成对国家间能源效率差异性、追赶性以及关键追赶因素的探讨。一是从绿色化视角出发，基于"能源—环境—经济（3E）"系统和外部性理论，形成考虑环境约束的能源效率界定（以下简称"能源效率"）。进一步构建非期望 EBM（epsilon-based measure）模型，形成对 G20 国家及其子集团能源效率的测算和比较，识别各国效率水平、变动趋势，以及 G20 效率最优前沿（即"标杆型国家"）；并利用非参数组间差异检验技术，明确国家间能源效率水平差异的显著性。二是利用能源效率的全局 ML（global Malmquist Luenberger）指数，识别效率增速较快国家（即"追赶型国家"）。通过构建能源效率的绝对条件和随机收敛模型，对能源效率的追赶性和组间效率追赶状态与特点进行观察。三是根据"标杆型"和"追赶型"国家效率提升的实践，结合重点文献与相关理论，进一步从结构调整和制度优化视角出发，构建能源效率动因的分析框架。在此基础上，通过面板 Tobit 分组回归分析，识别关键结构性和制度因素对不同类型国家效率变动的作用方式和影响程度，提炼出不同类型国家实现效率提升的异质性策略。

基于以上分析，得到本书的主要结论：

（1）在观测期内，G20 整体的能源效率出现了微弱下降趋势。发达国家的能源效率水平仍处于领先地位，其次为除金砖国家以外的其他发展中国家，金砖国家平均效率水平最低；尽管如此，金砖国家在观测期内实现了能源效率的快速提高，不断向其他发展中国家效率水平靠近，并体现出了对发达国家的追赶态势。此外，G20 各组效率差异在较高水平上拒绝原假设，说明国家间效率差距是显著存在的；从个体国家来看，美国、英国、法国实现了 G20 中相对的最优效率，巴西则为金砖国家中效率相对最优的典范；中国能源效率值排名第 18 位，仍然处于较低水平，不但显著低于 G20 先进水平，并且显著低于金砖国家平均水平。

（2）二十国集团中俄罗斯和韩国在观测期内效率增速最快，印度尼西亚则为发展中国家中增速显著的代表；从收敛情况来看，绝对收敛在 G20 中是显著存在的，说明国家间的能源效率追赶是显著存在的；从组间收敛结果看，以中国为代表的金砖国家在观测期内形成了对其他发展中国家效率水平的逼近和对发达国家的追赶，其他发展中国家与发达国家的效率差距则出现了微弱的扩大；能源效率的条件收敛在组间检验中显著存在，即不同发展基础和特点的国家会逐渐收敛于各自稳态，说明效率低的国家和效率高的国家间能源效率的绝对差异虽然会不断缩小，但在短时间内，国家间效率的差异并不会彻底消除；随机趋同现象在三个组别内均具有一定的存在性，说明不同类型国家之间的效率保持着相对稳定的变化路径，国家层面能源效率的提升是一个长期而缓慢的过程。

（3）从影响效率提升的因素来看，化石能源消费比重的提高在整体上抑制了各国能源效率的改善，但其改善作用的显著性不同；产业结构高级化对发达国家组和其他发展中国家组产生了不同程度的促进作用，但对金砖国家组效率提升产生了抑制效果；城市化水平的提高对发达国家和其他发展中国家的能源效率提高均产生了一定的抑制作用，但却显著促进了金砖国家的能效改善；贸易顺差规模的扩大，有力地促进了发达国家的能源效率优化，对金砖国家则起到了显著的抑制效应；资本深化过程有利于发达国家的能源效率水平的提高，但刺激了金砖国家和其他发展中国家能源效率恶化；政府效能对发达国家和金砖国家的能源效率提高起到了积极的效果，但在其他发展中国家中则出现了不显著的抑制性，出现了"政府效率悖论"迹象；外商直接投资在金砖国家和其他发展中国家中均出现了"光环效应"，说明"污染避难所"假说在 G20 样本中并不存在。

根据影响效率追赶因素的差异性作用方式和程度，本书提出，以金砖国家为代表的效率较低但效率增速较快的国家，应重点关注城市化水平的提高、政府效能的优化，并通过贸易结构调整以及重新部署资本深化过程中的投资和技术重点，以实现能源效率追赶；其他发展中国家应积极通过产业结构高级化以及扩大 FDI 规模来避免能源效率的恶化。同时，也要高度关注资本深化过程中对投资重点和技术结构的调整。

通过以上能源效率提升的国际比较研究，进一步提出中国情境下能源效率追赶路径与综合能源效率治理方案。具体包括：能源结构要向低碳化、清洁化与规模化转变；产业结构强调合理化、高级化、绿色化发展；贸易结构需要将短期和长期调整相结合；技术结构调整则应着重通过技术重点调整和适用性技术推广实现绿色技术转型；空间结构则应兼顾城乡布局、东西均衡以及城市内空间优化；在投资结构方面，积极推动外资利用从"重规模"向"重质量""重结构"和"重效率"转换；此外，还应从绿色治理目标、手段和能力方面，提高能源效率综合治理能力，以促进中国能源效率的全面提升。

目　录

1 绪论

1.1 研究背景与意义

本节从三个层次论述能源效率研究的相关背景——全球时代背景、新兴市场挑战和中国独特情境，提出本书的主要研究问题——以中国为代表的能源低效率国家如何通过结构调整和制度优化，尽快实现对世界范围内高效率水平的追赶。在此基础上，进一步凝练出本书的理论意义与现实意义。

1.1.1 研究背景

能源是人类社会实现文明与进步不可或缺的基础[1]。能源因其独特的经济意义（例如石油被誉为"工业的血液"）、环境影响（当前碳排放的最主要来源，以及开采、运输、应用过程中的污染排放问题）和社会属性（对人类文明和幸福感的贡献），对"经济—环境—社会"的协调发展起到关键作用。但是在过去相当长的历史中，粗放式、高消耗的资源开发利用模式以及对环境可持续和生态保护思想的相对滞后，已经在世界范围内形成了资源约束趋紧、环境容量锐减、经济增长"尾效"的多重困境。不仅如此，能源本身超越一般性资源和商品的独特战略属性，更决定了能源效率的研究对各国政府和相关组织的重要意义。

1.1.1.1 对全球而言

（1）全球性能源危机。随着人口规模膨胀、经济发展需求和工业化、城市化进程的推进，人类对自然资源，尤其是以煤炭、石油和天然气为代表的不可再生能源的开发利用规模呈现出几何级数的增长。与此同时，对于自然资源的补偿机制和替代效应远远落后于对资源的开采速度。非可持续的资源开发模式，直接导致了全球性的资源耗竭和稀缺，并不断引发国家间或地区间的资源竞争与冲突。在此背景下，如何利用有限资源创造更多的财富，逐渐受到了重视。尤其是20世纪70年代两次石油危机的爆发，引起了世界范围内对能源效率的高度关注。出于对能源安全的考虑，许多国家开始关注能源经济效率的提升路径和管理模式，以期通过能源利用水平的优化降低外部依赖，增加本国资源保障能力。

（2）全球性减排压力。20世纪80年代后期，随着化石能源开发利用而导致的环境和生态问题的凸显，能源利用的负外部性得到了高度重视。其中，气候变化问题迅速成为国际政治、经济、法律、外交和环境领域的热点和焦点。气候变化被看作是"超级邪恶的问题（super wicked problem）"，具有紧迫性（time is running out）、无政府状态（no central authority）、解决问题的同时可能带来问题（those seeking to end the problem are also causing it）和政策的短期行为（policies discount the future irrationally）等特征[2]，而导致该问题的主要原因正是化石能源，尤其是煤炭的大量消费。二氧化碳排放对环境系统的直接影响，以及其"持久性""积累性""流动性"而带来的代内、代际公平问题，成为迈向可持续发展的极大障碍。此外，随着发达国家国际碳排放总量控制和"碳关税"的设定，低碳化已从简单的环境与可持续发展问题演变成一场政治与经济的外交博弈，国家低碳经济的发展水平与能级成为了其参与国际竞争的重要筹码[3]。而能源效率的提高已经被世界自然基金（World Wildlife Fund，WWF）、全球能源技术战略计划

（Global Energy Fechnology Strategy Program，GTSP）、政府间气候变化委员会（Intergovernmental Panel on Chimate Change，IPCC）共同看作是控制以二氧化碳为代表的温室气体排放的关键措施[4]-[7]。

（3）全球性经济疲软。受制于资源环境约束，以及历史性重大创新的缺乏，进入 21 世纪后，许多发达国家的经济增长进入了"瓶颈期"。受 2007~2008 年金融危机冲击，多国经济增长速度出现不同程度下降、经济体内外不确定因素增多，世界经济出现了"低增长、低需求、低通胀"的特点和态势。在此背景下，能源效率的重要性再一次得到凸显：一是通过能源效率的提高降低经济系统的能源依赖和需求；二是通过以新能源为代表的清洁科技和绿色产业的发展，促进就业、激励创新，形成新的经济增长点。

（4）国家间差距显著。根据现有的统计数据及相关分析，世界各国的能源利用水平差距是非常显著的。以美国能源情报署 EIA（U. S. Energy Information Administration）数据库中的能源强度统计指标为例，2010 年 G20 各国基于购买力平价的单位 GDP 能源消耗中，英国的能源强度最低，单位产值能耗为 4177.85Btu（注：Btu 为英国热值单位）；俄罗斯的单位美元能源消耗最高，达到了 14744.03Btu。不仅是单一要素能源效率差距较大，现有涉及全要素能源效率的跨国比较分析结果，也都反映出了国家间能源效率水平的显著差异性[8]。

由此可见，能源效率的改善是一国经济体综合促进经济发展、保障能源安全、应对气候变化和提高环境质量的有效方式。作为实现低碳绿色发展的重要基础和支撑，能源系统的革命性变迁与全面优化已经成为当前世界各国发展战略中的重点。

（5）以金砖国家为代表的新兴经济体，面临着更为严峻的压力和挑战。第一，以金砖国家为代表的新兴市场，在近几年经济快速增长的过程中，大多体现出资源依赖型的粗放式特征，导致能源需求迅速扩张，构成了目前全球能源需求增量的主体；第二，国际碳排放治理和管制的博弈日渐激烈。大部分的新兴经济体虽然在"共同但有区别"的保护下获得较小的减排份额,但从长期来看,新兴市场将面临愈加严格的排放管制和约束。第三,后金融危机时代与后哥本哈根时代,传统产业的发展模式对经济增长的带动作用日趋减弱,并带来大量的环境、社会问题。以能源效率技术为代表的清洁科技产业,能有效促进国家多个部门的落后技术实现"蛙跳",实现对世界先进水平的追赶和超越[9]。第四,根据相关国际统计(如前述的 EIA 能源强度指标)和文献资料,金砖国家中除巴西以外,其他几个国家能源效率仍处于较低水平,能源效率追赶压力较大[10]。

由此可见,能源效率的全面优化也是后发国家破除国内资源环境约束、应对气候变化谈判、抢占新一轮发展制高点、实现绿色包容增长的关键战略与核心议题[11]。能源效率的国际比较,也相应成为各国政策制定者共同关注的重点[12]。

1.1.1.2 对中国而言

在中国,能源效率的研究有着更为独特的背景:

(1)能源消费量大,资源约束趋紧。进入 21 世纪,尤其是 2002 年新一轮的重工业化进程开始,中国经济增长的能源依赖度就得到了进一步的加强,能源消费需求大幅增加,并于 2010 年成为全球能源消费第一大国。以石油消费为例,2012 年中国石油消费总量高达 4.84×10^8 吨,其中石油需求缺口为 2.76×10^8 吨,对外依存度超过了 50%的"警戒线"[13]。2013 年,我国能源消费量已占全球总消费的 22.40%,构成全球能源消费净增长的 49%。大量的能源需求以及日益增长的对外依存度,一方面降低了中国能源安全水平,增加地缘政治风险,另一方面也使得国内经济更容易受到国际能源市场价格波动的影响。

(2)碳排放量激增,气候谈判制约。中国急剧增长的能源消费,以煤炭为主的能源消费结构(煤炭消费占一次能源消费总量的 70%左右),以及相对滞后的新能源规模化应用,都成了二氧化碳排量增长的主要因素。根据相关统计,中国的温室气体排放总量自 2007 年起已经位居世界之首[14]，2012 年又以 92.7 亿吨的二氧化碳排放量成为全球碳排放第一大国。2014 年，中国人均碳排放量超过欧盟人均碳排放水平，进而面临着全球气候治理的巨大压力和后京都时代日益趋紧的减排约束。此外，发达国家气候治理新规则所形成的诸多刚性约束，包括利用气候变化问题对中国施压的频率和强度不断提高、制造以碳关税为代表的"绿色贸易壁垒"，形成了中国环境气候治理的"倒逼机制"。

（3）能源消费依赖，环境污染恶化。虽然中国实现了 30 年经济高速增长的奇迹，但其能源依赖型增长方式也带来了日益凸显的资源约束、生态退化和社会问题。其扩张的模式依然是"数量型"的，也就是在根本上未能摆脱"高消耗、高排放、低利用"的特征，导致了经济增长与资源短缺、生态退化之间的矛盾日渐加深。

（4）人均能源量少，结构失衡严重。中国的能源资源总量比较丰富，但从人均占有量来看，则普遍低于世界的平均水平。以石油和天然气为例，中国的人均剩余可采储量不及世界平均值的十分之一。除了人均能源水平较低外，中国的能源分布也出现了地理上的失衡，尤其是传统常规能源的生产地与消费区（能源消费和需求地）出现较大偏差，构成了能源资源的长距离运输压力和大量的能值损耗，不利于能源综合效率的提升。

（5）能源产出率低，提升潜力较大。中国能源利用水平近年来得到了显著的提升。以能源强度为例，2000 ~ 2013 年，中国的能源强度从 1.31×10^4 t 标准煤/元下降到 0.66×10^4 t 标准煤/元，但仍与主要发达国家存在较大差距，且低于世界平均水平。仍以 EIA 的能源强度指标为例，2010 年基于购买力平价的中国能源消费强度是英国的 2.5 倍，是世界平均水平的 1.4 倍。但同时，目前的研究结论也从另一个角度说明中国能源效率提升具有较大空间和潜力。

由此可见，能源综合利用水平的全面提高，将有效地推进中国经济发展模式的战略性转变。同时，加快缩小与世界先进水平的差距，更直接关系到我国在处理国际政治经济问题中的地位与影响力。总而言之，能源效率尤其是考虑环境影响的效率提升，是实现绿色增长的关键。在此背景下，客观地识别中国在世界中的能源效率相对水平，尤其是在环境影响约束下的能源效率的位置，以及与世界先进水平和平均水平的差距，进一步明确中国综合能源效率实现追赶的影响因素和关键路径就变得十分必要和紧迫。

1.1.2 研究意义

1.1.2.1 能源效率国际比较研究的理论意义

（1）能源效率分析框架与方法的探讨。基于能源效率研究前沿和相关理论的梳理，形成对国家层面能源效率测算框架，尤其是环境约束下的能源效率测算的分析视角、相关理论和计算方法的有益探讨。

（2）能源效率收敛与追赶状态的分析。通过本书的研究，对观测期内样本国家间的收敛状态、速度和特征进行观察，分析主要国家组织在环境约束下的能源效率上是否出现了追赶及收敛现象，并对国家间实现效率追赶的前提和特征进行识别与讨论。

（3）能源效率追赶理论的进一步探索。基于结构调整和制度优化的分析视角，通过低效率国家追赶高效率水平的关键路径的比较和分析，进一步明确不同类型的经济体能源效率优化的重点领域和方向，形成对国家层面能源效率追赶理论的探索。

1.1.2.2 能源效率国际比较研究的实践意义

能源效率的提高已被越来越多的国家看作是促进经济可持续性、提高国家能源安全、缓解气候变化压力、提升综合竞争力的最有效、成本最低的方式[15]。本书的研究将从以下方面对能源效率的管理实践提供相关建议和工具。

（1）关于能源效率政策。一是国家层面效率测算，不仅考虑了能源消费的经济产出，又考虑了在能源利用过程中所造成的环境影响。基于对世界主要国家环境约束下的能源效率的测度比较，以及国家间追赶态势的评价分析，有助于对现行的能源气候政策目标体系进行改进和调整。二是国际比较研究中，在充分考虑到各经济体之间的资源禀赋、经济阶段、地理文化的差异的前提下，形成对不同类型国家能源利用效率水平的差异化结论，有助于从全球尺度更加科学合理的设计节能减排战略规划。三是根据不同类型国家能源效率优化和追赶的关键路径，识别各经济体能源效率改进和提升的"主攻方向"，制定有针对性的政策建议。

（2）关于能源效率分析。本书的实证研究，能够为相关机构、部门或研究人员提供环境约束下国家层面能源效率的分析框架、理论支持、研究视角、分析思路的相关参考；同时，本研究中的 G20 样本资料，相关的统计数据，指标的选取、来源和数据的处理方法，分析过程中的主要分析工具和技术，能够为相关的研究提供一定的参考和借鉴。

1.1.2.3　能源效率国际比较研究对中国的意义和价值

（1）G20 内部的定位认知。通过二十国集团的效率测度和比较，形成对中国能源效率水平与变动态势的客观认知（包括与世界发达国家、与金砖国家之间的差距认知），明确中国能源效率提高所面临的现实压力。在此基础上，识别中国实现能源效率追赶的关键路径和重点领域。

（2）提供宏观政策的参考。能源效率提升离不开宏观政策框架以及政策工具的合理设计。通过能源效率测度及提升路径的国际比较研究，为我国能源全面管理、结构优化、系统提升提供宏观政策的理论和实践支持。

（3）支持规划制定实施。环境约束下能源效率提升路径的研究以及相应对策建议的提出，对能源效率规划的制定和实施也能够起到有益的支持作用，促进我国绿色经济发展中两个重要"拐点"的实现——"到2020年，在二氧化碳排放增长显著减慢的情况下，保持经济快速增长，继而在二氧化碳排放基本不增长的情况下实现经济增长；到2030年，二氧化碳排放绝对量减少的情况下，经济保持持续增长，使中国2050年的二氧化碳排放下降到2005年的排放水平甚至更低"[16]。

1.2　国内外研究进展

受资源保障能力、环境容量制约、全球性能源安全和应对气候变化的多重影响，资源环境约束对区域社会、经济发展的压力日趋强化，能源的有序开发和高效利用已经成为世界各国经济、社会、环境发展面临的极大挑战与亟待解决的重大议题。在此背景下，能源效率的研究引起了各国政府、相关机构和学者的广泛关注，能源效率客观评价、动态监测、优化提升的理论方法、实证分析、工具选择的研究成果日渐丰富。由于能源资源分布广泛、形态多样、差异显著，国内外对能源效率的概念并没有形成统一而严格的界定，能源效率的相关研究也随之出现了较大的学科差异和区域特色。因而，理清效率的发展脉络、热点分布、演化路径和研究前沿，能为本书提供文献支持。在此基础上，进一步结合本书的研究目的和分析思路，选择更为有效的分析视角和切入点。

1.2.1　能源效率内涵与宏观测度

"能源效率"本身是个多维尺度概念，不同的社会环境、时代背景与学科设置下，"能源效率"的具体内涵也会体现出相应的差异[17]。

为了对文献研究进行更有针对性的梳理和总结，结合本书的主题和分析思路，将"能源效率"限定为宏观层面的、基于经济和环境分析的能源利用水平探讨。在此框架下，能源效率最初的基本概念是指：在既定产出下消费更少的资源，或者在既定资源消耗的前提下形成更高的收益[18]。但随着近年来全球范围内因能源开发利用而带来的资源（尤其是不可再生资源）耗竭、气候变化、生态退化等挑战日益严峻，经济增长和社会发展的"能源、环境尾效"日益凸显，能源效率的内涵也随之被修正为"以最少的能源消耗获得最大的经济产出，并且将环境的负外部性降到最低"，以体现能源、经济、环境系统的协调统一[19]。

总体来说，该主题内的研究对象、分析视角与评价方法在不断的改进、创新和丰富[20]。研究层面包括了微观企业[21]、中观产业[22]、宏观区域[23]和国家组织[24]能源效率的测度；研究对象涉及单种资源、分类资源（比如可再生和不可再生能源；一次能源和二次能源）和总量资源（能源总量）[25]；研究方法以参数法（stochastic frontier analysis，SFA）和非参数数据包络分析（data envelope analysis，DEA）应用最为广泛和成熟；分析视角涵盖了静态效率比较、多阶段效率测算和动态效率演化[26]。

由于能源效率本身的意义重大，相应的指标选取、评价体系、测算方法一直是近年来宏观经济和资源环境管理领域内的研究热点，更是决策者制定能源政策的重要基础和有效工具[27]。目前，宏观能源效率测度主要涉及三个维度——评价体系的构建、相关指标的选择以及评价分析技术的进展。从宏观能源效率的分析框架来说，其发展演化趋势与国际社会对"能源—经济—环境"互动关系的认知和态度保持了高度的"一致性"。

（1）从分析视角上看。1972年罗马俱乐部（Club of Rome）发表的《增长的极限》（*Limits to Growth*），明确提出由于自然资源的有限性，经济的发展不可能无限制地持续下去。1973年石油危机爆发，出于对能源安全的考虑，以美国为代表的发达国家开始关注能源效率——这一时期对能源效率的讨论主要是关注能源经济效率的评价和优化，以期通过效率的提升增加本国的资源保障能力、促进经济增长。基于此，一系列国家层面能源效率评价指标应运而生，科研机构和相关部门据此形成能源效率跨国比较的依据和参考[28]。20世纪80年代，随着各地环境和生态问题恶化，尤其是气候变化已成为人类社会普遍关注的全球性问题，能源资源开发利用过程所带来的负外部性开始得到社会各界的关注。20世纪90年代"四倍数"目标的提出和"十倍数俱乐部"的成立，再次掀起了宏观层面资源效率评价的热潮，能源效率的研究进入快速发展阶段。2009年12月哥本哈根国际气候变化会议召开，将人类社会对全球气候变化的关注推向了一个新的阶段。相应的，由化石能源的消费带来的环境影响，包括温室气体排放和其他环境污染等"非期望产出"也逐渐被纳入能源效率分析框架中[29]-[31]。这一重要变化说明：目前对能源效率的认知已经逐渐脱离了传统的经济导向评价，将能源利用的"负外部性"和"公平"等理念融入效率测度中，以形成完善的、考虑"能源—经济—环境"（Energy-Economy-Environment）互动关系的能源效率评价与监测体系。与常规能源经济效率分析相比，包含体现能源开发利用的环境影响的"非期望产出"分析思路的科学性和有效性，尤其是分析结果所带来的"能源—经济—环境"政策启示，也不断得到认可[32]。

（2）从测算框架上看。能源效率的测算框架与能效分析思路和视角的发展也在不断的发展和演化，其中比较显著的发展是从"单要素（即单一能源投入和单一产出）"向"全要素（即能源与其他关键性生产要素的结合作为效率测算的投入）"分析的演化。

具体而言，单要素能源强度，即单位GDP能源消耗，作为能源经济效率的测算手段具有直观简洁以及可操作性强的优点。但该类测度方法也依然局限于投入产出间的相对比例关系，未能从系统的角度将其他关键的生产投入要素考虑进来，因此无法体现出生产要素之间的替代关系。此外，潜在的技术效率以及相关结构性因素对测算结果的影响也很难通过单要素的分析框架得以体现[33]。在此背景下，随着研究的深入和扩展，基于全要素生产率理论和数据包络分析技术的全要素能源效率测算框架于 2006 年首次被提出，并迅速得到了广泛的推广和应用。该类型的分析框架能够在较大程度上弥补单要素的不足，将资本和劳动等关键性生产要素纳入投入框架，强调经济产出是要素共同作用的结果[34]。同时，随着能源活动的环境影响不断突出，相应的环境影响和生态压力引起了广泛的关注，能源利用过程中的"非期望产出"不断被补充到现有的全要素能源效率分析当中，形成对经济产出的补充和调整。相应的，包含"坏产出"的能效测算框架和技术方法，也逐渐成为目前该领域内对效率水平识别与监测的研究前沿[35]。

1.2.2 能源效率收敛的相关探讨

20 世纪 80 年代收敛假说的提出促进了经济增长收敛检验研究的热潮，国内外学者分别从不同的视角、基于差异化数据、利用相关检验方法，对世界范围不同的经济体和地区内、国家（区域）间经济增长的收敛现象、收敛程度、收敛趋势进行了大量的理论和实证分析。随着理论和分析手段的不断发展、深化，收敛理论的研究视角不断丰富，研究领域由最初的区域经济增长逐渐拓展到对要素生产率[36]和能源环境[37]的相关领域。目前对能源效率的收敛研究主要包括单要素能源效率和全要素能源效率的收敛分析。具体来说，包括了单要素和全要素能源效率收敛的讨论。

（1）能源强度收敛分析。梅尔尼茨克和戈尔登堡（Mielnik & Gold-emberg）[38]率先提出了能源强度收敛的概念，大部分的能源强度收敛分析验证了其收敛性。例如，马坎迪亚（Markandya）等[39]基于欧盟 1992 ~ 2002 年的研究表明，欧盟中转轨国家的经济增长与西欧之间的确存在较强的收敛性。国家之间人均收入差距的下降能够有效促进能源强度的下降；埃斯库拉（Ezcurra）[40]基于 1971～2001 年 98 个国家的能源强度收敛，也得出了存在绝对收敛的结论。但也有学者指出能源强度仅在部分地区体现出了收敛现象。例如，勒佩恩和塞维（Le Pen & Sévi）[41]基于全球 97 个国家的实证分析指出，能源强度仅在发达国家内部出现了收敛，但整体上并未出现欠发达地区对先进国家能源效率的追赶。

（2）全要素能源效率收敛。全要素能源效率收敛的研究也出现了差异化的结论。例如，斯特恩（Stern）基于 85 个国家 1971～2007 年的数据分析，发现除了部分非洲国家因经济问题出现了能源效率的下降外，大部分的发达国家和以中国、印度为代表的新兴国家的能源效率都出现了显著的提高。在观测期内，能源效率在整体范围上出现了明显收敛[42]；王兆华[43]借鉴巴罗和萨莱马丁（Barro & Salaimartin）的方法结合 DEA 静态模型构建出中国区域能源效率绝对收敛的测度模型，基于 1996～2010 年中国省际面板数据实证结果显示出中国全要素效率在整体上显著绝对收敛现象，其中，长江中游、南部沿海、西南地区、大西北地区存在显著的"俱乐部收敛"特征，即内部省份间全要素能源效率有明显集聚现象；屈小娥[44]利用 DEA-SBM 模型测度了节能减排约束下工业的环境技术效率及收敛性，结果表明中国低排放行业既存在绝对收敛又存在条件收敛，而全部行业和高排放行业不存在绝对收敛，但存在条件收敛，说明环境政策及扶持力度需要向高排放行业倾斜；孙（Sun）等[45]对含有非期望产出的水资源效率进行了收敛分析，结果证实了 1997～2011 年 β 收敛在中国省域层面上的存在性；潘等的研究发现[46]，1999 年以后中国的能源效率开始出现显著的"俱乐部收敛"现象；赵金楼等[47]运用 SFA 对我国全要素能源效率进行测算和效率随机收敛检验，但无论在全国范围还是东、中、西部地区，均未发现随机趋同现象。

1.2.3　能源效率变动的驱动因素

目前对宏观能源效率决定因素的研究成果较为丰富，但根据研究对象性质的不同，宏观能源效率决定因素的选择和讨论重点也体现出了较大的差异性。例如，市场化和机构改革对转轨经济能源效率的提升具有显著影响，而"资本—能源"之间替代效应成为石油输出国家组织（Organization of Petroleum Exportoing Countries，OPEC）国家能源效率改革的关注要素。本书以中国为主要分析对象，结合国际比较分析的共同关注热点，总结出以下几个主要的研究脉络。

（1）从能源系统本身的特征出发。目前针对能源系统本身与其利用效率关系的探讨主要集中在两个方面。一是通过成本调节能源与其他资源的替代或者互补关系。能源使用成本的变动对能源使用者利用其他生产要素替代能源或者改进能源利用技术具有较大的影响，进而促进或抑制能源效率的提高。但成本的变动在不同时期、对不同发展阶段国家的作用略有差异。例如，科尔尼（Cornillie）和范克豪泽（Fankhauser）[48]通过对东欧国家和苏联的研究发现，能源价格和企业重组是国家能源效率提高的重要原因。相关分析表明，能源价格偏低会激励经济主体用能源要素代替其他生产要素，进而对能源效率产生负面影响[49]。但同时也有学者认为，从长期趋势看，能源价格的变化并未直接导致能源强度的显著下降，能源价格对能源市场上供求关系的调节作用有限[50]。另一个关注的重点，是通过调节终端能源消费品种类和方式来改善能源效率，即通过低质量的能源利用向高质量能源利用的转变，对效率改善起到积极作用[51]。多数成果表明，降低传统化石能源，尤其是煤炭的消费比例能够提高能源利用效率。但也有部分学者认为，不同燃料间的替代对能源效率影响较为微弱[52]。甚至有研究表明，由于可再生能源开发的自身问题，新能源绩效表现良好的国家，其能源效率并未出现显著的改善[53]。

（2）基于经济系统内生性因素讨论。对内生性因素的分析主要围绕技术水平、规模效率和配置效率对能源综合效率的影响来讨论，但各项因素的作用方式尚未得到一致的结论[54]。以技术进步为例，目前大部分的研究表明，技术进步对能源效率的提高具有显著的促进作用[55]。但由于"回弹效应（rebound effects）"的存在，技术进步对能源效率影响比较复杂。有研究认为，在技术进步速度较快的时期，技术进步对能源效率引发的回弹效应可能会在一定程度上减弱提升效应，导致技术进步的影响变小。反之，技术进步速度减缓时对能源效率的提升效应更为显著[56]。同时，胡根华基于金砖国家的实证检验表明，技术进步对俄罗斯、巴西和南非三国全要素能源效率存在正向作用，而对中国和印度则呈现不太明显的抑制效果[57]。此外，"软""硬"技术对宏观能源效率的影响与作用方式同样是多样化的[58]。

（3）对要素流动方向与程度的分析。生产要素的流动性以及流动方向对能源利用效率产生了差异性的作用方式[59]。以国际贸易为例，目前多数的研究支持了对外贸易对能源效率的有益调节作用。国家间和区域间的要素流动，有利于引进先进的科学技术与管理模式，进而提升能源使用的集约化程度[60]。并且，随着经济发展水平和现代化程度的提高，发展中国家会采用更加有效的能源技术来提高能源效率水平，国际技术贸易将在其中发挥重要作用。另一个重要的例子就是城市的优化开发与系统建设与能源效率的互动响应。城市化的推进也是资源集聚和要素流动的过程。城市化进程的推进能够有效促进能源的可持续利用，实现能源消费与经济增长间的均衡发展[61]。但也有学者表示，能源效率与城市密度呈"U"型变动特征。大多数国家都会经历"先污染后治理"的阶段。只有当城镇化发展到特定高度，环境质量才会得到充分的重视[62]。

（4）从文化制度的视角进行探讨。文化与制度等"软性"因素对能源效率的影响也逐渐受到关注[63]。以制度质量为例，大部分的研究支持了制度水平对能效改善的正向作用。例如，多项针对中国情境的研究表明，市场化水平的提高促进了能源在各产业部门中的合理流动，提高了能源资源的配置效率，进而对能源利用水平的改善起到积极作用。[64]施莱希（Schleich）对德国的实证研究表明，制度的完善能够消除信息不对称、能源成本不确定性等阻碍，进而提高能源效率[65]；阿丰索和奥宾（Afonso & Aubyn）表示，政府效能对经济体效率水平具有重要影响，良好的治理水平有利于决策单元不断趋近于效率的最优前沿[66]。反之，某些经济体在短期经济增长的激励下，形成 GDP 导向下的晋升考核指标，使得关于社会长期发展指标被严重忽视，容易造成能源效率的降低[67]。但值得注意的是，"政府效率悖论"[68]以及贪腐经济中关于腐败的"润滑剂"理论，则在一定程度上解释了部分国家和地区腐败程度深化与高效率并存的局面。

1.2.4 能源效率改进的解决方案

目前国内外对能源效率管理的研究主要是基于资源可持续利用和生态环境保护目的，通过战略调整、政策制度、社区网络、技术进步、支撑平台等方面的建设，不断形成和提升能源管理的能力。

一是基于关键因素识别而提出对策。[69][70]在诸多的对策建议中，技术、市场化、价格调整、管理能力、产业转型、能源"绿化"等都是讨论的热点。以技术进步为例，鼓励和支持能源技术，特别是清洁能源技术领域的技术发明创造、注重国际贸易技术溢出效应的发挥、通过激励机制的治理策略，引导节能环保型技术的创新与扩散等都是重要的对策建议。此外，通过把投资引导到节约能源或降低能耗的领域、加大引进能源节约的项目的力度、通过优化投资质量和完善要素市场等方式来提高效率也被看作是有效的方式。

二是对政策工具效果的评价与改进[71]-[73]。通过政策工具的合理设计和应用，将能源活动产生的外部性进行合理的内部化，体现出能源消耗的真正成本，进而实现节能、减排的政策目标。基于系统论、博弈论、线性优化和利益相关者等理论，利用案例研究、比较分析、系统动力学、数据包络分析、动态演化博弈和政策模拟等定性定量方法手段，对能源的开发、利用和生态环境保护等管理工具的制定实施、目标特点和应用效果进行分析探讨。由于能源本身的时空差异特性的存在，使得不同国家资源环境容量、经济发展水平、制度设计及社会文化背景下的政策研究也相对多样。

三是国内外管理实践的评价和借鉴[74]-[76]。各国政府与相关部门在制定战略目标的框架下，通过调控、经济、信息、合作、研究、教育等措施与手段促进能源可持续利用，实现包容性增长。例如：美国的电力需求侧管理、清洁能源与安全立法、"能源之星（Energy Star）"节能认证制度；日本的能效管理调控框架、节能法案、"领跑者"能效基准和制度；欧洲电子电气设备报废指令、环境保护责任指令和欧盟温室气体排放贸易计划；英国的能源效率行动计划、环境税制；法国的环境与能源控制署机构设置；德国的复兴信贷银行环境项目；瑞典的环境驱动商业发展项目；以及中国环境与发展国际合作委员会、循环经济行动和中小企业节能减排等项目的成立和运行，都是对能源效率提升实践的丰富和完善。

1.2.5　研究热点及前沿趋势总结

从研究视角上看，已经从单纯的经济效率分析，不断将能源利用的环境影响和社会影响纳入测算框架。从研究内容上看，涵盖了效率评价、影响因素识别、优化路径等相关论述，特别是对效率评价和影响因素的研究已取得了丰富的研究成果。从研究对象上看，宏观层面能源效率研究（包括国家、地区层面）已经形成了一个独立且不断深化的研究领域。从研究方法来看，定性与定量研究相结合的混合分析方法日渐成熟，其中因素分解、物质流分析、非参数前沿法、数据包络法和全生命周期等方法和技术的广泛应用为本研究的开展提供了诸多借鉴。从研究样本来看，目前的国际比较研究主要集中于对发达国家且对经济合作与发展组织（Organization for Economic Co-operation and Development，OECD）国家讨论较多，或者以经济发展水平和政治背景比较相似的群体（例如转轨经济体或者是欧盟）研究为主，而对涉及多个层次样本的时空演化分析较为缺乏。从研究结论上看，由于研究视角、对象、目标、方法、手段的不同，带来研究结论的差异性是显著存在的。即便是剔除了指标选取和数据来源或处理方式的差异，同一影响因素指标在不同时期、对不同样本国家（或地区）能源效率作用方式和决定程度也可能出现相左的结论。同时，能源效率的相关指标，包括效率本身的框架内涵、效率变动测算、收敛状态评价、影响因素的选择、传导机制的形成等，都尚未形成定论。

由于国家间的政治背景、经济水平、资源禀赋、环境生态、地理文化等要素水平差异较大，尤其是统计模式及相关指标的不同，对能源效率的国际比较研究提出了挑战。尤其是可比性高、覆盖面广的国家环境数据、社会文化指标完整性、可获性较低，也在一定程度上限制了该领域相关研究的深入[77]。此外，从现有研究来看，大部分的跨国比较分析仍关注于能源的经济效率，缺乏对非期望产出约束下的效率比较，容易带来研究结果与真实效率水平的偏差；现有文献对后发国家是否实现对先进水平的追赶，以及促进能源效率差距缩小的深层次动因研究较少，针对不同类型国家能源效率优化的对策建议比较有限。同时，现有国际比较研究多集中于对发达国家，尤其是 OECD 国家的分析探讨[78]；基于多层次国家样本的比较分析，尤其是绿色化视角下的、以中国为比较分析重点的相关研究较少。为此，本书通过相关理论、方法融合创新，从以下几个方面对现有研究进行补充和拓展。

一是选择目前中国所在的集团中国家成员最为多样、代表性最强的国际组织——二十国（G20）集团为分析对象，选择 2000～2010 年观测期，进行综合能源效率的跨国比较分析。同时，考虑样本间的差距，将这 20 个国家分为发达国家、金砖国家、其他发展中国家三个子集团，进行分组比较和讨论，形成对现有研究的丰富和补充。

二是基于绿色化和绿色增长的理念，结合"能源—经济—环境（3E）系统"和外部性理论，将能源活动的环境影响作为非期望产出纳入综合效率评价中，按照"最少的能源投入、最小的环境代价和最大的经济产出"原则，构建非期望 epsilon-based measure（EBM）评价模型，形成对各国环境约束下的能效水平的认知，以及中国与世界先进水平、世界平均水平的差距所在。

三是利用全局 Malmquist-Luenberger（GML）指数，对观测期内各国的效率增长速度进行评价和比较。在此基础上，构建相关收敛检验模型，通过对 G20 各国以及三个子集团的实证检验，对后发国家与先进国家之间效率收敛状态和特征进行多角度分析，明确能源效率追赶在二十国集团中的存在性和特点。

四是基于结构优化和追赶理论，识别关键结构性影响因素，结合重要制度变量对不同类型国家（发达国家、金砖国家、其他发展中国家）的差异性作用机制进行分析，提炼出不同类型国家实现效率改善的异质性策略，以及中国情境下能源效率提升的关键方向与重点。

1.3 主要内容与研究思路

1.3.1 研究内容与分析目标

根据本书研究主题和分析思路，对本书各部分内容和相应的分析目标进行整理和归纳。

第 1 章：基于对相关背景的全面论述，提出本研究的理论与实践意义；通过对国内外主要文献的梳理和总结，识别出本书主题相关研究脉络、发展趋势、热点前沿；在此基础上，明确本书的分析视角、主要目标、研究思路和研究贡献，进而有针对性地提出具体内容、方法工具、技术路线。

第 2 章：通过文献研究，结合本书的主题内容，确定核心理论，主要包括绿色化与绿色增长、可持续发展和 3E 系统、外部性理论、收敛与追赶理论以及结构优化理论。一方面通过相关理论的总结与梳理为本研究主要内容提供理论支撑和指导，另一方面利用本书的分析结果和研究结论，形成对相关理论的进一步探讨。

第 3 章：本章是整个研究提纲挈领、承上启下的关键部分。根据前两章对本书选题意义、文献梳理、理论基础和分析目标的确定，构建全书分析概念框架，进一步确定研究样本、选样依据、变量选择、数据来源，并提出全书的具体研究假设。

第 4 章：基于前述文献梳理，结合本书分析思路与研究目标，提出环境影响约束下的宏观能源效率测算框架，通过模型比较和修正确定具体评价方法，并基于所选样本进行实证检验和分组讨论。一是形成对二十国集团能源效率水平和变动趋势的客观认识，明确中国在二十国集团中的地位以及与世界先进水平和平均水平的差距；二是通过分组比较分析，识别二十国集团中发达国家、金砖国家以及其他发展中国家能源效率水平的相对发展状况，形成对国家能源效率发展模式的总结；三是通过效率测算比较结果，识别出二十国集团中的"佼佼者"（称为"标杆型国家"）。

第 5 章：基于效率收敛和追赶假说，以第 4 章效率测算结果为基础，构建能源效率变动的测算框架，识别观测期内二十国集团中效率增速较快的"追赶者"（称为"追赶型国家"）。利用相应收敛检验分析方法实现对二十国集团整体、发达国家组、金砖国家组、其他发展中国家组的收敛检验，明确各集团和集团间的收敛特征，识别能源效率追赶在二十国集团间是否存在，是否陷入了"穷者愈穷、富者愈富"的能源效率差距的恶化（能源效率的"马太效应"）。

第 6 章：基于"标杆型国家"和"追赶型国家"的实践总结，结合重点文献和结构优化与追赶理论，从结构效应、制度水平两个维度形成对能源效率宏观影响因素的探讨。基于目前比较成熟的面板 Tobit 模型，实现具体的面板分析。同时考虑到各因素对不同发展阶段经济体作用方式上的差异，继续对二十国集团国家进行分组回归讨论，明确结构效应、制度优化对不同国家小组的影响方向与程度，识别出低效率国家追赶先进效率水平的关键路径，即结构性调整方向。

第 7 章：本章是对本书整体分析讨论的总结和对未来研究的展望，并提出全书的创新要点。通过对主要章节定性、定量分析结论的总结、概括和比较，提炼出中国情境下能源效率全面优化的关键路径。此外，客观认识现有研究中存在的局限性，提出下一步的研究重点和讨论方向。

1.3.2 研究方法与技术路线

根据研究内容和目的，从适用性、有效性的视角出发，选择本书的主要分析方法和相关技术。

在第 4 章进行效率评价和分组比较分析的过程中，主要利用非期望 EBM （undiserable-epsilon-based measure） 模型和 Pearson 检验完成对 G20 各国家分年效率值的测算，并利用非参数 Kruskal-Wallis （KW）以及 Wilcoxon 秩和检验技术对组间效率差距显著性进行分析讨论。

在第 5 章的能源效率收敛部分，首先是利用最新的全局 GML （global Malmquist Luenburg） 指数分析对各国跨期效率增速进行测算，其次是利用标准差法以及面板数据的固定效应、随机效应和混合最小二乘回归 （pooled OLS） 进行绝对 α、β 收敛和条件 β 收敛。同时，分别利用 Levin-Lin-Chu （LLC）、Augmented Dickey-Fuller （ADF）、Phillips & Perron （PP） 面板平稳性检验技术对二十国集团和三个子集团的随机性收敛进行测算和讨论。

在第 6 章的能源效率动因及追赶路径的分析中，首先利用 LLC 和面板 Kao 检验对回归序列的平稳性和协整关系进行检验。在此基础上进一步利用随机面板 Tobit 分析对二十国集团和子集团的关键结构性和制度变量对不同国家的作用机制进行探讨。进而，提炼出后发国家对先进效率水平追赶的战略重点和关键路径。

根据研究主题、关键内容和分析思路，设计本书的技术路线如图 1.1 所示。

第1章 问题提出 — 研究背景 — 研究问题

第2章 理论支撑 — 文献梳理 — 3E系统理论 — 外部性理论 — 绿色增长 — 收敛性与追赶理论 — 结构优化相关理论 — 绿色化相关理论

第3章 样本假设 — 分析框架 — 样本G20 — 主要变量 — 研究假设

第4章 效率测试 — 测算框架 — EBM模型 — 相关检验 — 非期望EBM — 效率测度 — 秩和检验 — 分组比较 — G20、发达、金砖、其他发展中国家、中国 — 标杆型国家 — 国家间能源效率差距及显著性

第5章 收敛检验 — 非期望EBM效率值 — 全局ML指数 — 效率增速 — 追赶型国家 — 绝对收敛 — 条件收敛 — 随机收敛 — 标准差、面板固定/随机、混合估计 — 双向固定效应 — 面板单位根检验 — 后发国家向先进水平的追赶效应及特征

第6章 追赶因素 — 标杆型国家相关实践 — 追赶型国家相关实践 — 文献梳理 — 相关理论 — 能源结构 — 城乡结构 — 产业结构 — 贸易结构 — 外商投资 — 治理水平 — 随机面板Tobit — G20整体 — 发达国家 — 金砖国家 — 其他发展中国家 — 文献参考 — LLC、ADF等 — KAO检验 — 指标处理 — 平稳性检验 — 协整性检验 — 不同类型国家效率实现效率提升的异质性策略

第7章 结论建议 — 环境约束下能源效率国际比较分析结论 — 对策与建议 — 局限和展望

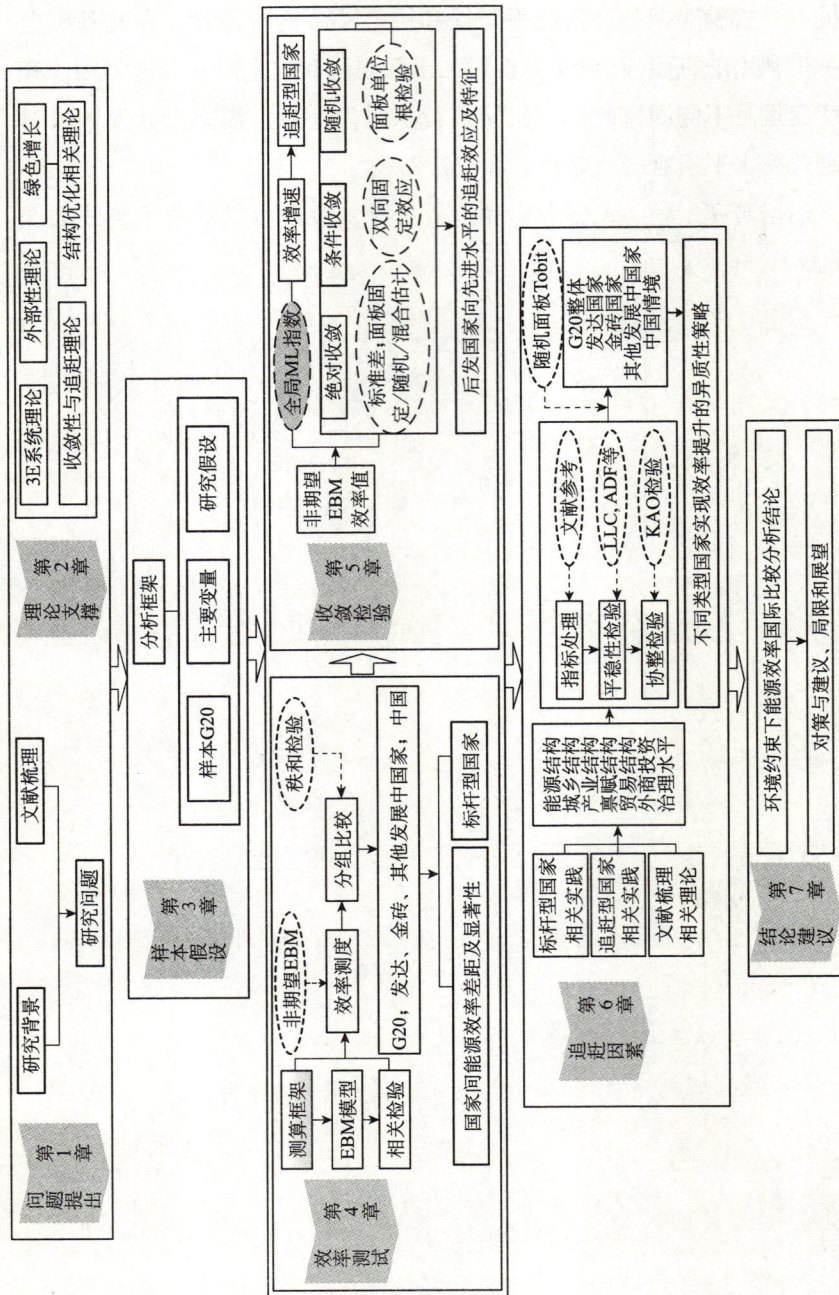

图1.1 技术路线

2 理论基础

本章理论基础的分析,一方面是根据相应的科学问题,对本书所涉及的相关理论和假说进行总结与归纳,形成整个研究的理论体系和基础支持。对理论基础的讨论和分析,也将各个"理论点"贯穿于整体行文之中,从"理论点"出发,构建相关分析的理论模型,寻找合理恰当的代理变量,对相关理论要点进行实证检验。另一方面,也通过实证分析结果以及案例研究的结论,形成对理论的进一步探讨。

2.1 3E 系统分析及发展

20 世纪 70 年代两次世界性"石油危机"的爆发,使得能源在经济发展中的关键作用得到了空前的重视,并促进了能源经济学的繁荣和发展,形成了"能源—经济"的二元分析框架。20 世纪 80 年代以后,随着资源开发利用规模的不断升级,相应的环境污染和生态退化现象凸显。尤其是因化石能源消费所引起的气候变化问题,以及由气候变化本身累积性、不可测、无国界等特质带来的世界性潜在风险,进一步拓展了能源经济研究体系和分析理念——只有把能源(energy)、环境(environment)、经济(economy)纳入一个整体中(3Es)去研究,才能更加全面、深入、系统地了解它们之间的内在联系和作用机理[79]。

能源、经济和环境系统既是相互独立开放,又是普遍联系、相互影响和制约的。经济系统的正常运行需要能源作为基础支撑和动力,而经济基础又为能源系统的顺利开发利用提供资金和技术支持;能源资源来自于环境系统，同时也会带来一定的环境压力；经济活动需要环境系统作为支撑，反过来也会对环境产生不可忽视的影响。由图2.1可知，"能源—经济—环境"系统内部的能源流、财富流、污染物流之间是交互影响的。而3E系统观，则将经济增长、能源供给和环境保护这三重目标紧密联系在一起[80]。从这一点来讲，能源效率的思想内涵与3E系统观具有高度的一致性：能源效率在广义上是以经济效益来衡量的，但同时也要避免带来更多的环境冲击和生态包袱。

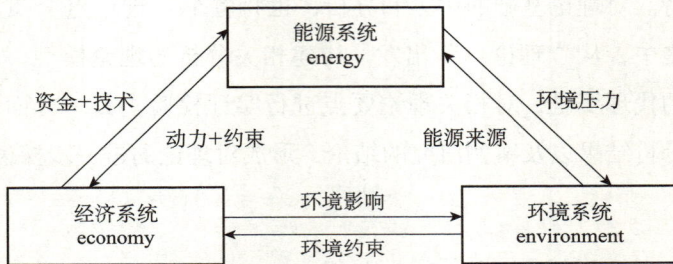

图 2.1　能源—经济—环境系统

不仅如此，3E系统中能源、经济、环境的互动关系也呈现出一定的规律性，而这样的规律也与整体能源效率的表现具有高度的内在一致性。目前，在不同的经济发展阶段和状态下，3E系统的运行机制具有较大的差异性，一般被归纳为"零反馈作用"、"负反馈作用"和"正反馈作用"。

（1）零反馈机制为主。该作用通常发生在经济发展初期或工业化开始之前，社会经济仍处于以手工劳动为主的发展阶段。这时候的能源消费、需求和流通总量都十分有限，相应的环境影响和污染也比较小，社会经济形态未进入现代化大生产阶段。因此，三个系统间的反馈作用比较微弱，并未有显著的"正向"或"负向"效应出现。

（2）负反馈机制为主。经济进入快速增长时期以后，工业化和规模化生产得到快速发展，国民经济体系中的重工业化水平不断提高。在这一阶段，经济增长的能源依赖程度不断加深，能源开发利用方式的"粗放型"特征较为显著，且从能源来源来看，仍然以化石能源，尤其是低质量的煤炭资源为主要消费来源。尽管在同一时期，技术进步以及环境保护政策的推行对于能源利用效率和环境治理产生了一定的积极作用，但能源资源的净消耗以及大范围内生态恶化局面依然严峻。经济的"数量型"增长方式，一方面影响了社会净福利的积累、破坏了生态平衡，为整个人类社会的可持续发展带来了极大的压力，另一方面也造成了较为明显的"能源尾效"和"环境尾效"——经济增长受到较大的资源和环境刚性约束，面临系统性转型升级的压力。在这一阶段，"能源—经济—环境"系统间的负反馈效应占主导地位，从环境约束下的能源效率指标来看，应处于一个整体较低且不断下降的阶段。

（3）正反馈机制为主。当经济发展达到一定的高度，产业结构高级化以及合理化特征日益显著。社会资本深化过程中对资本的使用也随之进入"高级化"阶段，通过技术选择和产业调整，逐渐实现经济发展过程中的能源、环境"脱钩"。在这个过程中，随着社会财富积累和技术进步，对能源系统的低碳化、高效率利用能力得到显著提高，在较大程度上降低了能源利用的环境影响的同时，也提高了人造资本对能源资源的替代效应。环境破坏得到遏制与恢复，环境质量得到不断提高，经济—环境—能源系统之间进入协调发展、协同演化的阶段[81]。从环境约束下的能源效率指标来看，应处于相对较高且不同提高的过程中。

由以上的系统反馈分析可知，能源、经济、环境系统间的协调互动即是实现可持续发展的必然要求，也是实现国民经济包容、有序增长的关键。在此背景下越来越多的研究开始将能源消耗、环境影响和经济增长这三个维度，纳入一个框架来进行分析和讨论[82]。而三个子系统间的协调发展的根本要求即是要以更少的能源消耗、更小的环境影响以获得更大的经济产出。换句话说，如何更快地提高环境约束下的全要素能源效率已经被看作是应对3E挑战的关键路径之一[83]。

2.2 外部经济与外部性

"外部经济"的概念最初由马歇尔于（Marshall）1890年提出，并形成了外部性理论的开创性研究。简而言之，外部性是指个体或组织（可以是个人、企业、国家等）所做出的决策或者行为，为其他人或者组织带来一定的正面或者负面影响，但该决策或者行为主体并未因此而获得对等的补偿或者相应的惩罚。也就是说其决策或行为所带来的收益或损失并不能完全地被"内部化"。相应的，若该主体的行为给外界带来的是福利的增加，则称之为正外部性；若行为主体给外界造成福利损失，则被称为是负外部性。

20世纪70年代，外部性理论开始与环境经济学、生态经济学接轨，并形成了协同演化的发展态势。各国政府、相关组织和研究人员开始关注外部性内部化的手段和策略。在这个过程中，政府管制、市场工具和公众参与都成为解决外部性问题的关键途径。

在马歇尔理论体系的基础上，庇古（Pigou）又基于私人和社会边际成本和收益模型，建立了静态技术外部性理论的基本框架，强调了通过政策手段将经济活动的外部性"内化"的重要观点，提出了著名的"庇古税"，并成为福利经济学的奠基人。在环境管理中目前应用比较广泛的"环境税""碳税""排污税"等税收类别，都是对市场失灵的情况下经济行为的负外部性的调整和纠正，将行为主体的外部性内化为其运行成本。而该类型的治理手段已经在世界范围内得到广泛应用，成为纠正市场失灵的重要经济手段。

针对"庇古税"有效性的讨论，科斯（Coase）则更强调对外部性的调节要回归到市场，即通过排污权的自愿协议模式，对外部性进行纠正。科斯的思想又被称作"科斯定理"，并成为新制度经济学的基础理论和思想之一。科斯定理强调外部性的解决不应依靠政府调节，而是要利用市场本身的运行机制进行纠正。当然,科斯定理也强调了该类手段运行的前提——需要纯粹的市场化环境以及相对较低的交易成本。

由此可见,解决外部性问题需要在识别外部性来源的基础上,提出内部化的解决办法。而以上外部性理论构成的主要思路和维度,也逐渐被应用于能源效率的研究中。人类能源开发和利用的过程,除了产生积极的经济效益和社会效益,创造人类社会生存与发展的基础和保障,同时也产生了日益显著的"负外部性"——能源利用的环境影响。到目前为止,能源开发利用中产生的温室气体、污染排放等负面影响,并未能够合理而有效地纳入相应的开发利用主体的效益评估中。以目前争论最为激烈的二氧化碳排放为例,一国经济的能源消费所带来的二氧化碳排放,不仅对本国的生态环境带来威胁,同时因为气候变化的流动性、全局性特征,也给其他国家的社会福祉和生态安全带来不可忽视的影响,而排放者(国)并未付出相应的惩罚代价——这也是近年来全球气候治理的出发点和争论点所在。

因此,为了充分考虑一国或地区能源利用所带来的影响,并以此作为调整政策制定的依据,首先就需要客观地识别该经济体所产生的以碳排放为代表的外部性产品及体量。进而,在评价一国或地区能源利用水平时,充分考虑到该"外部性产品"的非期望属性,并将其内部化到评价分析框架中,方能形成对能源效率的合理判断。

2.3　绿色化与绿色增长

世界经济在历经了工业化、信息化之后,正在积极迈向"低碳化"和"绿色化"。而"绿色化"是一种手段,其目的是为了实现经济体的"绿色增长"。与传统的经济增长理念不同,绿色增长追求的是在防止环境破坏与恶化、维护生态稳定和平衡的前提下的一种增长方式，以实现对现有传统的"数量型"和"粗放型"增长模式的调整和转变。

从根本上说，绿色增长的理念同地球系统观、生态文明思想、低碳经济概念一样，都源自于可持续发展这个根本的"大理念"，也被看作是可持续发展的重要组成部分。可持续发展的概念在 1987 年《我们共同的未来》中首次提出，它强调对当前资源的开发利用应同时考虑当代人和后代人的福利，实现代内和代际公平。在此时强调的是"经济—环境—社会"协调发展（见图 2.2a）。到了 2013 年，可持续发展的内涵和重点被重新调整为"在满足当前需求的同时，维护地球生命支持系统，是满足当代人与后代人福祉的关键所在[84]"（如图 2.2b 所示）。在这个新的视角里，对生态环境的重要性被提升到了一个前所未有的新高度。

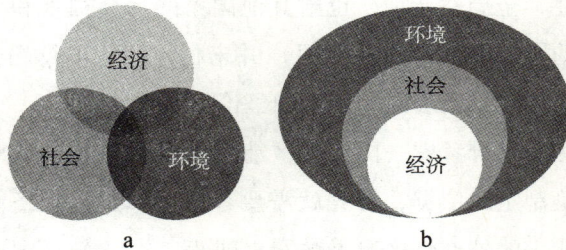

图 2.2　可持续发展的新视角

由此可见，绿色增长不但体现了可持续发展的宗旨，且紧跟可持续发展理念的最新变化——强调对自然环境和生态的维护。同时，与可持续发展相比，"绿色增长"不仅局限于理念或构想，而且兼顾理论与实践、强调可操作和实践性、推动可持续发展实现的关键路径和政策框架。

基于这种认识，国际组织和相关国家均积极采取措施推动绿色增长的实践，例如："绿色增长"已经被联合国环境规划署、欧盟、亚太经合组织作为新时期优先发展议题，并有针对性地发布绿色增长的相关宣言和报告。在国家层面上，韩国率先颁布国家绿色增长战略，并颁布相关法律法规以确保绿色增长战略的顺利实施；德国将发展生态工业作为实施绿色增长的重点；日本政府明确提出了《绿色经济与社会变革》的政策草案，力求通过绿色增长实现"低碳社会"；丹麦、澳大利亚等发达国家也先后在绿色增长的框架下提出了各自的目标、战略和政策；中国为推动绿色增长已相继开展了建设"生态工业园""循环经济"试点、"低碳城市"试点和构建"资源节约型和环境友好型"社会等一系列谋求绿色发展的国家战略。在此基础上，党的十八大报告明确提出要"着力推进绿色发展"的国家目标。2015年3月中央政治局会议进一步提出"绿色化"的概念，并将其作为与"新型工业化、城镇化、信息化、农业现代化"协同并列的国家战略。

"绿色化"就是将经济、社会、文化等方面全面纳入生态文明的要求，使这些对生态环境具有重要影响的领域都向着资源节约和环境友好的方向进行优化和转变，最终实现改善环境质量、增进人民福祉的目标。而能源效率的根本内涵，正符合了我国绿色化战略中节能、减排、经济增长以及绿色化的多维目标导向。已有研究表明，能源效率与国家绿色发展水平之间存在显著的相关关系，能源效率的提高对国家绿色化发展具有显著的影响力和推动力[85]。由此可见，包含非期望产出的能源效率水平代表着一国绿色增长的能级和状态；反过来，能源效率水平的提高，又需要通过绿色化的手段和路径来实现。

2.4 收敛性与追赶理论

收敛理论来源于国家间经济增长状态和发展趋势的比较，最早可以追溯到拉姆齐（Ramsey）等的研究[86]。收敛性的初始意义是指，在一个有效的范围内不同经济个体（例如国家、区域或者家庭）初始静态衡量指标与其增长速度之间存在着负相关关系。也就是说，落后个体以更快的增长速度不断缩小与先进水平的差距，相应结果即是体现在观察对象间绝对差距的缩小。

新古典经济理论认为，由于生产要素边际报酬递减、技术外溢，欠发达地区的经济发展水平会逐渐追赶上发达地区，即存在经济增长趋同或者收敛现象（convergence）。但以"干中学"为代表的内生增长理论强调了知识资本在经济增长中的特殊作用，并认为高收入国家中的知识溢出效应更容易形成规模效应，进而保持了较高或者更高的增长速度，不会轻易被落后地区所追赶或者赶超[87]。在这样的假设下，人力资本存量较高的地区之间（例如发达国家）会出现"有条件的收敛"，而在不同知识积累或者初始发展条件不同的国家之间则不存在收敛迹象[88]。也就是说，发达国家和落后国家会按照各自的禀赋特征进入所谓的"收敛俱乐部"，但不同"俱乐部"之间则不存在收敛现象，进而形成了理论上的"两端俱乐部"现象。有研究表明，落后国家或者地区因经济水平的限制，无法有效地实现"资本积累—再投资—扩大生产—升级转型"的过程，而是停留在解决温饱的层面，进而陷入了"贫困陷阱"。不但无法拉近与先进水平的距离，甚至还出现了恶化，形成了发散。

收敛假说的研究，引发了追赶理论的相关研究。大量文献试图找出影响落后国家追赶发达国家的各种关键因素，识别出实现"收敛"的重要前提和"条件"。追赶理论研究最初源自于格申克龙（Gerschenkron）的后发优势学说。该学说认为落后经济体可以利用技术差距来追赶先进国家。在此基础上，阿布拉莫维茨（Abramovitz）[89]提出了著名的"追赶假说"，指出后进经济的快速追赶离不开一些特定的条件——利用发达国家的先进技术，需要积累一定的社会能力（social capability）。此处的社会能力，被看作是广义的吸收能力，是指所有促进新技术模仿或利用的因素，包括教育、基础设施、完善的金融体系和劳动力市场关系等。科恩和利文索尔（Cohen & Levinthal）[90]则从企业的层面首次正式提出了吸收能力（absorptive capacity）概念，有效地促进了吸收能力研究主题的发展和演化。

总的来说，早期的追赶研究主要围绕两个假说展开：一是后发优势假说，即技术落后的国家可以通过学习发达国家的先进技术来获得更快的生产率增长；二是吸收能力假说，即认为成功的追赶需要后进国家具备一定的技术吸收能力。这些研究比较关注理论框架的构建、概念的阐释，缺乏融合现代经济增长理论的理论模型，也缺乏相应的有说服力的经验证据。而且，从世界经济现状来看，大发散（great divergence）已成为世界经济发展的一个重要现象。面对新的"追赶陷阱"，需要从不同的角度和层面做出新的解释。因此，21世纪以来，人们将目光从全局的总体追赶投向了局部的、一定条件下的追赶，基于不同的视角发掘影响成功追赶的关键因素。

一方面，从"追赶"的主题来讲，已经不再只是传统的技术水平或经济收入方面的追赶，全要素生产率的国家间追赶也逐渐成为研究的重点之一；另一方面，从追赶的决定因素来看，"制度"逐渐被看作是追赶能力的重要决定因素之一。例如，基弗和克纳克（Keefer & Knack）[91]指出，产权无保障等制度不确定性可能会减少投资，减少穷国吸收海外技术进步的能力，因此成为追赶的障碍；纳尔逊和桑帕特（Nelson & Sampat）[92]认为，有效的经济绩效不仅取决于狭义的"物质的技术"，更依赖于相关的"社会技术"。"社会技术"体现为组织形式、法律、公共政策、习俗、标准等，那些成为标准的"社会技术"即为制度，他们认为这一制度概念可以用于经济增长绩效的分析；琼斯和罗默（Jones & Romer）[93]也强调了规则对于成功追赶的重要性，认为规则的变动是穷国增长率差异的原因；科（Coe）等[94]利用24个发展中国家1971～2004年间的面板数据证明，国内和国外的制度差异对全要素生产率有显著的影响。

2.5　结构优化相关理论

结构调整是现代增长理论的重要发现之一，它强调的是生产要素间替代以及要素在不同部门间的流动所产生的优化作用。结构优化理论最初由库兹涅茨（Kuznets）在 1956 年首次提出。他的研究建立在长期历史趋势的分析上，重点关注了农业、快速工业化以及第三产业比重增加对工业化国家经济增长的作用，以及相应而形成的"结构模式"。钱纳里和泰勒（Chenery & Taylor）于 1968 年又对结构调整与经济增长间的互动响应关系进行了深入与细化。在此基础上，1989 年钱纳里提出了著名的"结构红利假说（structural bonues hypothesis）"。该假说认为在市场化的条件下不同产业间或产业内能源效率的差异可以推动能源要素由低效率部门向高效率部门的流动。

结构红利假说的提出，将结构优化理论进行了丰富与深化，促进了该领域内研究成果的大量出现，形成了各子学科的分支。其中，包括了目前研究热点领域——产业结构优化理论、贸易结构优化理论、投资结构优化理论等。而该类理论的共同核心，是通过结构调整，消除影响经济可持续发展的结构性问题，促进产业技术升级，释放生产力潜能[95]。当然，结构性调整对经济效率产生的影响，在不同国家对经济发展阶段的重要性和作用力是有差异的。例如，对工业化进程中的发展中国家而言，各部门生产率水平差距较大。因此，生产要素在不同效率水平或不同效率增长率部门间的流动，就会显著的影响总体生产率水平[96]。

结构性优化对能源效率的有益调节作用也已经在很多国家得到了验证。早在 20 世纪八九十年代，克利夫兰（Cleveland）[97]就根据美国能源强度的结构性影响因素进行了解析。研究发现，通过能源消费结构的高级化（由低质量的能源向高质量能源转换，增大高质量能源在总能源消费中的比重），能够有效降低美国单位 GDP 的能源消耗，实现了能源效率的显著提高；陈诗一对中国能源效率的变动的研究也表明，结构水平及其演化对能源效率的改进具有重要影响[98]。但也有研究并不能有效支持"结构红利假说"，例如坎德（Kander）[99]和斯特恩[42]分别对瑞典（1800～2000 年）和全球（1971～2007 年）的结构变化与能源强度的长期历史进行分析，都说明结构调整对能源效率的优化作用十分微弱。

尽管如此，结构调整和优化在能源经济中的作用是不可忽视的，此观点也在相应的文献研究中得到了高度关注和讨论（见 1.2 节国内外研究进展）。因此，本书在充分参考现有文献，兼顾跨国比较研究中的数据可比、可获的原则，从结构优化的视角出发，进一步探讨结构效应对世界主要国家综合能源效率的影响效果及作用方向，对相关实证检验成果和理论进行探讨。

2.6　本章小结

本章节从理论的视角，为本书的研究设计、评价模型、分析思路提供了理论指导、依据和分析讨论的方向。整个研究涉及的主要理论包括：3E 系统（能源—经济—环境）理论、外部性理论、绿色增长理念、收敛及追赶理论、结构优化和制度经济理论。

3E 系统理论反映了"能源—环境—经济"间密不可分的互动关系，用以指导能源效率评价的"投入—产出"维度；外部性理论突出了能源开发利用过程对环境所产生的负外部性，用以指导本研究对环境影响变量的处理；绿色增长理念用以指导效率的新内涵与构成——最少的资源投入和最小的环境影响，创造更大的有益（经济）产出，因而成为环境影响约束下的能源效率评价模型的理论支撑；收敛与追赶理论用以指导观察组内国家间能源效率差距变动趋势，以及后发国家（即低效率水平）对先进国家（即高效率水平）追赶状态和趋势特征；结构优化理论用以确定宏观能源效率影响因素的讨论方向，识别以中国为代表的后发国家如何通过结构调整实现对先进水平的追赶。

通过本章节主要理论的确定，形成与整体研究设计的"互动响应"：在确定主题下，以理论指导研究分析思路和讨论方向；反过来，研究内容又形成对相关理论的探讨和丰富。

3 分析框架及研究假设

3.1 分析框架

通过研究背景的论述和梳理，识别出目前国家间能源效率差距的显著存在性，以及能源效率追赶的必要性与重要意义。为了进一步对不同类型，尤其是不同经济发展阶段国家进行分析，明确中国与世界主要经济体之间的差距，本书按照中国所在国际集团中代表性高、覆盖经济类型丰富的原则，确定二十国集团（G20）作为本书的分析对象。

如研究背景和相关文献所讨论的，相对于大部分发展中国家而言，发达国家基于较高的科技实力和经济基础，尤其是对新能源的大规模开发利用，已经在世界范围内实现了较高的能源综合开发和利用水平，尤其是在传统的能源经济效率（例如能源强度指标）上显著普遍优于发展中国家[8]。此外，本书所讨论的环境约束下的能源效率，也是基于对全要素能源经济效率的修正，其内涵与国民经济发展水平紧密相关。因此，为了识别以中国为代表的后发国家追赶国际先进效率水平的追赶状态和关键路径，本书按照国际货币基金组织（International Monetary Fund，IMF）的分类标准，将二十国集团分为发达国家组和发展中国家组进行分析探讨。

此外，在二十国集团中的发展中国家还包括了金砖国家集团。金砖国家简称为"BRICS"，包括五个近年来经济保持了高速增长的国家。其中，"B"为巴西（Brazil）的指代，"R"代表俄罗斯（Russia），"I"是印度（India），"C"为中国（China），"S"代表南非（South Africa）。虽然从经济发展阶段来看，金砖国家也属于发展中国家，但这五个国家通过高于世界平均水平的速度保持了较长时期的经济增长，都体现出了"新兴市场"的明显特征，并且被看作是对未来世界政治经济格局产生重要影响的新兴集团[100]。

值得一提的是，在金砖国家中，巴西经济位居拉美之首，同时是世界原料的重要基地；印度经济在近二十年中一直保持着快速的增长，年均增速接近6%，并形成了发达的软件服务外包产业；俄罗斯石油和天然气资源丰富。其中，石油产业撑起了出口贸易的"半壁江山"，并且在国民经济增加值中占有重要地位；南非是非洲大陆经济的核心，其国民生产总值为非洲大陆总量的1/4；中国经济实现了将近三十年的高速增长，并于2010年超过日本成为世界第二大经济体。

从能源使用量看，金砖国家在2001年后，整体能源消耗与相应的二氧化碳排放开始迅速增长。21世纪以来，除个别年份外，金砖国家持续保持着超过全球平均水平的经济增长速度。2000~2012年间中国、印度、俄罗斯、巴西和南非的年均经济增长速度分别为10%、6.9%、5.2%、3.4%、3.5%，远远领先于全球2.6%的水平。2012年金砖国家的经济规模（基于名义汇率计算）大致相当于所有新兴国家与发展中国家总量的54%，约占全球经济总量的21%。

由此，考虑到金砖国家显著的经济、能源、环境影响，本书将金砖国家与其他发展中国家区分开来，形成独立的子样本，观察以中国为代表的金砖国家在环境约束下的能源效率水平和追赶路径。因此，本书最终将二十国集团（G20）分为三个子集团——发达国家组、金砖国家组以及二十国集团中除金砖国家外的其他发展中国家组——进行分组分析和讨论。其中：发达国家集团由美国、英国、法国、德国、日本、韩国、意大利、西班牙、加拿大、澳大利亚组成；金砖国家包括巴西、俄罗斯、印度、中国、南非；其他发展中国家组为阿根廷、墨西哥、土耳其、印度尼西亚、沙特阿拉伯。

在此基础上，本书从绿色化视角出发，结合"3E系统观"和外部性理论，确定国家层面环境约束下的能源效率测算框架，并选择适用性的方法与技术对二十国样本各年能源效率水平进行测算比较，识别出典型的"标杆型国家"，以及中国与世界各国的差距；在效率比较结果的基础上，对各国效率增长水平进行评估，识别出"追赶型国家"和各子集团间效率追赶的基本情况；基于追赶理论和收敛假说，对二十国集团整体以及各子集团的绝对收敛、条件收敛和随机收敛状态与速度进行全面观察，以分析效率追赶在二十国集团内部的存在性和相关特征；从结构优化理论出发，识别能源效率关键结构动因和重要制度变量，进而明确同类因素对不同类型国家的差异性作用方式和程度。进一步提炼出后发国家追赶先进水平的关键战略与路径，尤其是以中国为代表的金砖国家在结构调整和制度优化维度的调整方向和重点领域。

本章研究分析框架如图3.1所示。

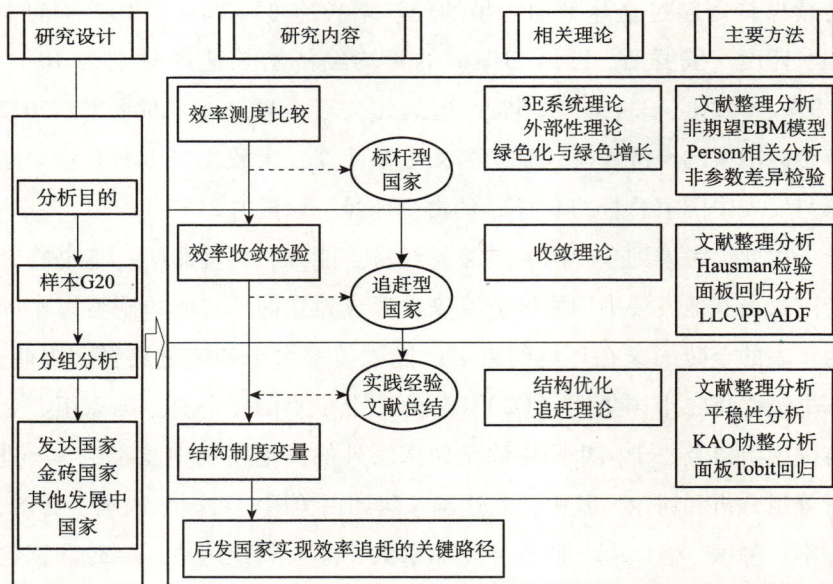

图 3.1　研究分析框架

3.2　样本变量

根据本书研究问题的特点和分析思路，选取具有高度代表性、研究可比性、数据可获性的分析样本，兼顾理论价值和实践价值，结合当前该主题的研究趋势，选取二十国集团（G20）作为本书的观察样本；并进一步对二十国集团进行全面概述、对选样依据进行综合整理。在此基础上，根据本书的分析目的和思路，进一步明确相关代理变量，确定指标的初步来源。

3.2.1　样本简介

二十国集团（G20）成立于1999年9月25日，由八国集团（G8）成员国（美国、英国、日本、法国、德国、加拿大、意大利、俄罗斯），以及澳大利亚、中国、巴西、阿根廷、墨西哥、韩国、印度尼西亚、印度、沙特阿拉伯、南非、土耳其和作为一个实体的欧盟构成。此外，西班牙也被认为是G20的常任嘉宾国（permanent guest）。

由此可见，G20是目前中国所在的国际经济组织中成员国涵盖面最广、代表性最强、发展阶段多样、发展经验最丰富的集团。为了提供一个更直观的印象及概况，表3.1从地理空间以及相关经济社会发展方面对二十国集团进行了相关的总结和概括。

表 3.1　　　　　　　　G20 国家概况统计（2012 年）

序号	区域	国家	缩写	金砖国家	OECD	经济水平
1	大洋洲	澳大利亚	AUS	×	√	发达
2	北美	加拿大	CAD	×	√	发达
3	欧洲	法国	FRA	×	√	发达
4	欧洲	德国	GER	×	√	发达
5	欧洲	意大利	ITA	×	√	发达

续表

序号	区域	国家	缩写	金砖国家	OECD	经济水平
6	亚洲	日本	JAP	×	√	发达
7	亚洲	韩国	KOR	×	√	发达
8	欧洲	英国	UK	×	√	发达
9	北美	美国	US	×	√	发达
10	欧洲	西班牙	ESP	×	√	发达
11	北美	墨西哥	MEX	×	√	发展中
12	欧亚	土耳其	TUR	×	√	发展中
13	南美	阿根廷	ARG	×	√	发展中
14	亚洲	印度尼西亚	IDN	×	√	发展中
15	亚洲	沙特阿拉伯	SAU	×	√	发展中
16	南美	巴西	BRA	×	√	发展中
17	亚洲	中国	CHA	×	√	发展中
18	亚洲	印度	IND	×	√	发展中
19	欧洲	俄罗斯	RUS	×	√	发展中
20	非洲	南非	ZAF	×	√	发展中

资料来源：2012 年世界银行数据库和国际基金组织数据库。

3.2.2 选样依据

进入 21 世纪以来，随着国际政治格局和大国之间力量对比的变化，世界发展重心和动力的转移，使得二十国集团（G20）逐渐取代原有的八国集团（G8）成为世界治理的主导。该变化一方面意味着新一轮的国际体系转型已经初露端倪，另一方面也形成了国际比较研究中的新热点和新趋势。

（1）代表性强。G20 国家（经济体）人口占全球的 2/3，国土面积占全球的 60%，国内生产总值占全球的 90%，贸易额占全球的 80%，更是世界范围内资源生产、消费、流动的活动主体，也因此带来了显著的生态环境影响，温室气体排放高达全球总量的 80%[101]。因此，在本研究的范畴内，具有极强的代表性和分析价值。

（2）覆盖面广。从发展阶段上看，二十国集团的结构兼顾了先进经济体（IMF 定义的发达国家包括美国、英国、法国、德国、日本、韩国、意大利、西班牙、加拿大、澳大利亚）、金砖国家（BRICS：巴西、俄罗斯、印度、中国、南非）和除金砖国家之外的主要发展中国家（阿根廷、墨西哥、土耳其、印度尼西亚、沙特阿拉伯）；从地域分布上看，实现了"东、西、南、北"之间的相对均衡，以及对各大洲的兼顾，因而具有较强的分析价值和导向意义。

（3）机制化高。通过十几年的发展，二十国集团机制化日益明显，组织架构逐渐清晰，建立了由前任主席、现任主席和下任主席组成的"三驾马车"管理制度。一方面，在具体运作中形成了部长会议为核心的组织架构，由各成员国轮流举办部长级年度会议，以及三次专题讨论会。年度会议中，会就当次会议达成共识，以集团名义发表年度宣言以及相应的行动计划。二十国集团内部组织架构逐渐从虚到实，一方面其"整体性"在不断加强，另一方面也在不断形成对组织成员的"刚性化"约束。

（4）议题多样。尽管二十国集团成立是基于金融货币体系，但自成立之初，其议题就远超出了金融领域，涉及发展援助、自由贸易、人民健康、农业产业、环境社会等诸多方面；2005 年中国 G20 年会之后，经济发展政策成为核心议题；2006 年墨尔本会议上，全球能源、原材料市场问题被提上议程。可见，二十国集团的议题、重点和使命已经大大超越了金融领域，而不断加强对世界范围内经济增长、能源安全、环境生态等议题的关注和解决。

（5）影响力大。21 世纪以来，国际政治经济的总体格局出现了显著性的变化，全球经济、政治、财富的重心和增长动力也出现了扩散和转移。实际上，随着全球经济格局的变化，全球经济治理大致经历了三个阶段：1944 ~ 1969 年以美国为中心、以正式的国际协调机制和机构为手段的硬治理时代；1970 ~ 1999 年形成以松散的七国集团（G7）协调机制为核心的非正式、小集团合作的软治理时代；2000 年至今的全球经济治理则以更加多元化、扩散化的国家间协调二十国集团（G20）为核心。

考虑到欧盟成员国与 G20 其他欧洲国家在样本上有重复,加之欧盟本身成员国处于不断更新和扩充之中,很多统计指标无法对成员国进行简单集成处理。因此,参考李(Lee)[102]的研究处理,只保留 19 个主权国家作为样本。此外,为了形成完整的二十国观测样本,本研究用 G20 集团的常驻国西班牙(ESP)作为补充。俄罗斯作为转轨经济的代表,由于历史和政治因素直到 1990 年才正式作为独立经济体成立,相应的,其官方统计数据最早追溯至 1989 年。同时考虑到二十国集团本身的历史较短(G20 成立于 1999 年年末),在兼顾时效性和时长性的情况下,本书选取 2000~2010 年二十个国家的面板数据作为观测样本。

3.2.3 变量选择

按照研究设计,考虑实证数据获取的可行性及可靠性,本书从以下几个方面选取相应的代理变量:

(1)能源效率测度。根据前期研究基础,结合本书的研究目的与重点,构建环境影响(作为非期望产出)约束下的效率测算框架。投入指标,主要选取体现资本、劳动、能源消耗的年度变量;产出维度,主要包含了期望产出(即经济收入),以及相应的非期望产出(即气候变化的代理变量)。详细的指标选择、数据来源和相关处理,见第 4.3 节"指标选取及处理"。

(2)收敛检验变量。根据本研究的分析目标,选取第 4 章的研究基础和成果,即环境约束下的各国能源效率评价的面板数据作为收敛检验的代理变量,经过相关处理与检验,进入收敛模型运算。详细的指标选择、数据来源和相关处理,见第 5.3 节"指标变量选取"。

(3)关键因素变量。基于对典型国家实践经验的分析,以及重点文献的全面梳理和概括,结合本书的研究基础、目标和研究设计,重点关注结构性指标，包括能源结构、产业结构、城乡结构、交换结构、禀赋结构，以及制度质量相关假说（"政府效率悖论"和"污染避难所"假说）代理变量，包括外商直接投资规模以及国家治理能力指标。详细的指标选择、数据来源和相关处理，见第 6.3 节"指标数据来源"。

3.3　研究假设

基于对能源效率领域，尤其是宏观层面的能源效率研究以及实践的理解和掌握，结合相应的理论基础和相关假说，从国家间能源效率水平的差异性、国家间追赶效应的存在性、后发国家追赶先进水平的关键路径这三个层次，提出本书的相关研究假设。

3.3.1　能源效率测度及模式假设

第一部分围绕国家间能源效率的差异性提出研究假设，具体包括以下三点。

（1）从美国能源情报署（U.S. Energy Information Agency，EIA）基于汇率法的单要素能源效率——能源强度（单位 GDP 产能）指标，以及本书基于 Maddison 数据库计算的能源强度来看，二十国集团中发达国家的平均能源效率水平依然处于世界领先地位。此外，尽管发达国家历史累积碳排放量较大，但近年来各国排放处于较为稳定的水平，且出现了经济增长与资源（能源）消费间的"脱钩"效应[103]。因此，本书提出，在观测期内：

H1.1　发达国家集团的能源效率水平在二十国集团中依然处于领先地位。

（2）金砖国家虽然在 2000～2010 年间实现了较快增长，但都是全球工业化进程的后来者，整体的发展模式依然是以"数量型"扩张为主要特征的。目前，金砖集团已经成为世界能源消费增量和二氧化碳排放增量的主要"责任人"，"经济—能源—环境"系统的协调性较低、工业化进程与气候变化控制间的矛盾突出[104]。因此，在考虑非期望产出（环境影响）的情况下，金砖国家整体能源效率水平将会下降，甚至低于其他发展中国家绩效。因此，本书提出，在观测期内：

H1.2　金砖国家集团的能源效率水平在二十国集团中最低，且与发达国家水平具有显著差距。

（3）根据现有国际比较研究结论和国际统计中单要素能源强度的直观得分，中国的能源效率整体水平依然较低，不但与世界先进水平具有较大差距，且低于许多经济发展水平相当的国家和地区[105]。此外，中国大量化石能源，尤其是煤炭消费的急速扩张以及煤炭消费比例的居高不下（仍然在70%左右），也显著刺激了二氧化碳排放总量的增长。因此本书提出，在观测期内：

H1.3　中国的能源效率在二十国集团中处于较低水平，不但与G20先进水平具有显著差距，并且低于金砖国家平均水平。

3.3.2　能源效率收敛及追赶假设

第二部分围绕追赶效应在二十国集团以及各子集团之间的存在性提出相关假设，具体包括以下三点：

（1）随着国际交流、气候合作机制以及技术溢出和扩散效应在国家间的不断扩大，技术进步的经济、环境"双重红利"效应不断加强。此外，以能源结构和产业结构调整为代表的结构性优化的关键作用也已得到大部分国家的高度认可和大力推广。因此，能源效率的收敛应是国际的主导性趋势[106]。换句话说，国家间的能源利用水平应具有一定的趋同性，体现为国家间的效率差距的缩小并趋于收敛。因此本书提出，在观测期内：

H2.1 能源效率的绝对收敛在二十国集团中具有存在性，各国间的效率绝对差异在不断缩小，低效率国家能够以更快的速度实现对高效率水平的追赶。

（2）金砖国家近年来实现了全球瞩目的持续性增长，虽然其发展模式尚未摆脱"粗放式"和"数量型增长"的特征，普遍出现了"高消耗""高排放"的困境，导致能源需求和二氧化碳排放的居高不下。但不可否认的是，随着世界性绿色转型和绿色增长理念的推广，以金砖国家为代表的新兴经济体对于环境规制和资源管理的认知水平、管理能力、法律约束正在迅速提高和完善，经济结构和制度质量在经济高速发展的过程中也在不同程度上得到了较为显著的提高和优化[107]。因此本书提出，在观测期内：

H2.2 金砖国家以更快的增长速度实现了对发达国家的追赶。

（3）根据现有研究结论，近年来中国的能源利用水平得到了显著的提高[108]。无论是宏观层面还是微观层面，无论是经济效率还是物理效率，都出现了改善和提升。但考虑到目前中国的能源消费结构在短时间内并未得到根本性改善，能源开发利用过程中的环境破坏和污染依然较重。因此本书提出，在观测期内：

H2.3 中国实现了对世界平均水平的追赶，但其追赶效应显著性不确定。

3.3.3 能源效率提升策略的假设

第三部分围绕落后国家追赶 G20 先进效率水平的关键路径提出研究假设。根据本书的研究设计，后发国家追赶先进效率水平的关键路径，是通过识别关键性结构和制度影响因素对不同类型国家的差异来判断的。因此，本节关于能源效率追赶的研究假设是围绕结构性因素和制度变量，对处于不同发展阶段和特点的国家小组的作用方向的初步判断。并在此基础上，识别出后发国家追赶先进国家的关键路径，具体包括：

（1）能源结构相关假设。如前文所述，目前国际范围内的气候变化挑战主要来源于化石能源的消费，以新能源为代表的"零碳能源"成为各国降低二氧化碳排放的"主攻方向"。尤其对以中国为代表的金砖国家，其能源结构调整空间较大。不仅如此，绿色能源产业的后发优势在世界范围内日渐凸显[9]。因此，本书提出，在观测期内：

H3.1　化石能源比重的降低对二十国集团及各子集团的能源效率改善均起到积极作用，并能够有效促进后发国家对先进效率水平的追赶。

（2）城乡结构相关假设。根据本书所选取的世界银行关于城市化水平统计数据，发达国家的城市化进程已经基本完成，城市化率变动较小，部分国家和地区甚至出现"逆城市化"现象。而以中国为代表的新兴经济体，在快速城市化过程中，能够发挥能源利用的集约效应、规模效应和技术溢出效应，进而改善能源效率[61]。因此，本书提出，在观测期内：

H3.2　城市化率提高对二十国集团整体和各子集团能源效率提高起到促进作用，并能够有效促进后发国家对先进水平的追赶。

（3）产业结构相关假设。以工业部门为代表的第二产业，具有较强的资源环境刚性约束，节能减排压力较大。相对而言，以软件信息服务、金融、教育等为代表的第三产业，普遍具有"低排放、低能耗、高产出"的特点，能够促进一国经济体能源效率的改善。同时，相对于发达国家，发展中国家的产业高级化程度普遍偏低[109]。因此，本书提出：

H3.3　产业结构升级能够促进二十国集团和各子集团能源效率水平的提高，并能够有效促进后发国家对先进水平的追赶。

（4）交换结构相关假设。贸易顺差规模是一国经济体经济交换结构的重要体现，但交换结构调整对发达国家和以中国为代表的发展中国家效果不同。一方面，国际贸易中不平等交易"剪刀差"的存在，使得发展中国家在跨国商品交换中仍处于弱势地位，贸易带来的经济收益受损；另一方面，由于国际分工的不同，带来了一国贸易进出口结构的巨大差异性。发展中国家出口经常隐含大量的"内涵能源"，相应的环境影响（例如二氧化碳排放）则留在国内[110]。因此，本书提出：

H3.4 经济交换结构失衡（贸易顺差比例的扩大）有利于发达国家能源效率水平提高，但对以中国为代表的金砖国家和其他发展中国家的能源效率改善起到抑制作用。

（5）禀赋结构相关假设。在经济发展的初级阶段，一个国家或地区为了加速地区经济发展而更加偏好资本的投入数量，往往忽视了地区环境保护，从而对地区生产效率产生不利的影响；但是，随着经济发展程度的不断提高，其将更加重视资本的投入质量，从而对包含环保效果的资本投入表现出更大的偏好，这将对其生产效率产生积极正面的影响[104]。因此，本书提出：

H3.5 禀赋结构的加深有利于发达国家能源效率水平提高，但在以中国为代表的金砖国家和发展中国家中起到抑制作用。

（6）外商投资相关假设。FDI 虽然容易被发展中国家相对较低的环境准入门槛所吸引，加强产业的资源依赖，形成"污染光环"[111]；但同时也会带来相应的技术溢出和高效的管理理念，无形中提高了流入东道国的配置效率。此外，一项针对 G20 国家的研究表明，FDI 净流入量的提高有效地促进了二十国集团的经济增长能力，但并未引起相应碳排放增长[102]。基于以上研究结论，本书提出：

H3.6 FDI 对二十国集团及金砖国家和发展中国家集团能源效率提升具有正向影响，并能够有效促进后发国家对先进水平的追赶。

（7）政府效能相关假设。无论是"政府效率悖论"还是"贪腐悖论"，都是在特定经济发展阶段的产物。从世界的主流趋势以及发达国家经验来看，国家和政府制度水平的提高、制度质量的优化对能源气候治理和相应的效率提升的促进作用仍为主导地位[66]。根据世界治理指数（world governance index）和全球清廉指数（corruption perceptions index）的相关统计，相对于发达国家而言，发展中国家的制度水平相对较低，优化提升空间较大。因此，本书提出：

H3.7 政府效能的提高有利于二十国集团及三个子集团能源效率的优化和提升，并能够有效促进后发国家对先进水平的追赶。

4 能源效率测度及比较研究

4.1 分析思路及框架

单纯经济产出导向下的能源效率测算忽视了能源开发利用过程中的环境影响和约束，因此容易带来有偏估计；并且在可持续发展的框架下，忽略负外部性的能源效率评价，其理论和实践意义也会受到一定的限制。因此，本书从绿色化的视角出发，基于"3E 系统"和外部性理论，在目前较为成熟的能源经济效率（单一经济产出）测算框架基础上，将体现能源消费的环境影响作为"非期望产出"变量纳入国家能源效率评价体系之中，也就是说将能源经济的负外部性纳入效率测算体系，参考相关表达[112]，将其定义为"环境约束下的国家能源效率"（以下简称为"能源效率"）（见图4.1）。

环境约束下能源效率的目标与我国提出的"绿色化"和"绿色增长"的科学内涵具有高度的一致性，即大力推动生产生活的各个部门和各个环节向着"资源节约"和"环境友好"的方向发展，以实现"又好又快"的增长。"快"即经济增长速度快，"好"则是污染少、能耗低，"又快又好"即以较少的资源投入获得较高的产出和尽可能少的环境污染。

基于该评价体系，重点考察 G20 经济体在环境约束下的能源效率水平、效率演化趋势与发展模式差异。一是明确二十国集团整体，以及发达国家、金砖国家、其他发展中国家所代表的三个"子集团"能源效率发展态势和动态趋势；二是形成对我国能源效率在二十国集团

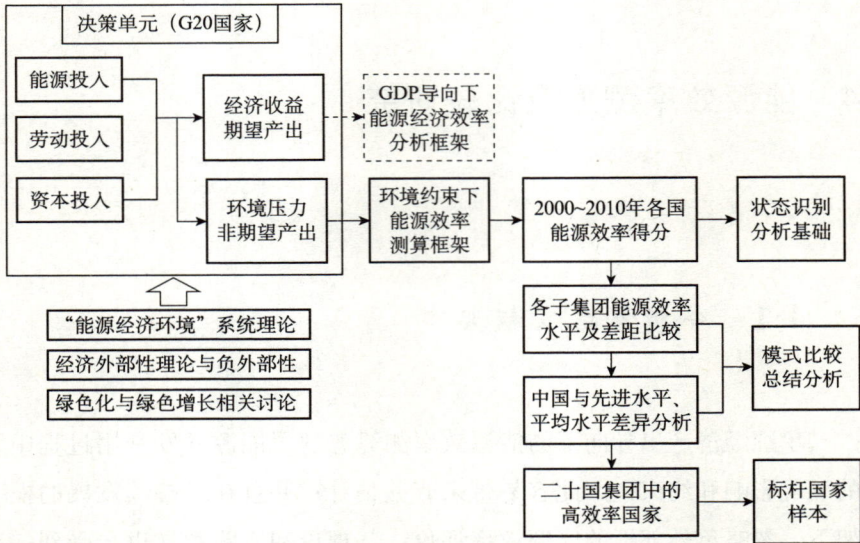

图 4.1　能源效率测算的跨国比较分析框架

中发展现状的全面认知和理解；三是根据评价结果对主要国家能源效率发展模式进行比较，挑选出具有"典型示范"意义的国家样本，并对其能源效率管理实践经验进行总结。

4.2　方法比较及优选

目前对效率的测算方法主要有数据包络分析（data envelopment analysis，DEA）和随机前沿分析（stochastic frontier analysis，SFA）两种方法。SFA 考虑了随机误差项，区分了低效率和随机误差项。但是，SFA 对函数形式的选择具有敏感性，在小样本情况下对误差项的分布的假设，容易引起结果的偏误。此外，SFA 只能研究多投入单产出的情况。相对而言，DEA 能用于估计多投入、多产出情况下决策单元（decision-making unit，DMU）的相对有效性，且不需要对随机误差做任何具体的假设、不需要投入产出的价格数据，因而在效率测算方面得到广泛的应用和迅速拓展[113]。

DEA 模型 1978 年由查尼斯（Charnes）等提出，是运筹学领域非线性规划方法之一。经过三十多年的发展，DEA 已从最初的单一分析工具，逐渐成为融合了数学、运筹学、管理学、计量经济学和计算机科学的方法体系[114]，并形成了相对效率评价的数据包络分析方法论。从 DEA 分析技术来看，主要包括以径向测算（radial measure）为基础和以非径向测算（non-radial measure）为基础的模型。前者［如传统的 Charnes，Cooper & Rhodes（CCR 模型）］因为假设条件过于严格，容易产生与现实背离的结果，而以 SBM（slack-based measure）为代表的非径向模型虽然规避了投入要素同比例变化的前提假设，却也损失了效率前沿投影值的原始比例信息，会导致效率评价出现误差。为了解决以上问题，托恩和简井（Tone & Tsutsui）[115]于 2010 年提出了兼容径向比例和非径向松弛的 EBM（epsilon-based measure）模型，既考虑了投入目标值与投入实值之间的径向比例，也能够反映各投入之间差异化的非径向松弛变量，更加真实地反映评价单元的相对效率水平。此外，该模型同时兼具良好的"包容性"，能够实现与其他 DEA 模型的组合应用[116]。

基于以上比较分析，本研究在 EBM 原始模型基础上，进一步将非期望产出的影响考虑进去，构建融合非期望生产集的 EBM 分析框架。此外，在模型导向上，相对于传统的投入（input-oriented）或者产出导向（output-oriented）分析，前沿非导向（non-oriented）模型更能够有效处理期望与非期望产出共存的情形[117]。因此，本书选择非导向下的基于规模报酬不变假设的 EBM 模型对二十国集团 2000～2010 年间相对相率进行测度。在 DEA 分析中，每个观测对象被看作是一个决策单元（DMU），则对任意一个 DMU_0，其非期望 EBM 效率规划式为：

$$\min \frac{\theta - \varepsilon_x \dfrac{1}{\sum_{i=1}^{m} \omega_i^-} \sum_{i=1}^{m} \dfrac{w_i^- s_i^-}{x_{jk}}}{\varphi + \varepsilon_y \sum_{r=1}^{q} \dfrac{w_r^+ s_r^+}{y_{rk}} + \varepsilon_z \sum_{t=1}^{p} \dfrac{w_t^{b-} s_t^{b-}}{z_{tk}}} \qquad (4.1)$$

$$\text{s. t. } X\lambda - \theta x_k + s^- = 0 \qquad (4.2)$$

$$Y\lambda - \varphi y_k - s^+ = 0 \qquad (4.3)$$

$$B\lambda - \varphi z_k + s^{b-} = 0 \qquad (4.4)$$

$$\lambda \geqslant 0; s \geqslant 0; i = 1,2,\cdots,m; r = 1,2,\cdots,q; j = 1,2,\cdots,n \qquad (4.5)$$

其中，λ 为 DMU 的线性组合系数，m，q 和 p 分别为投入、期望产出和非期望产出数量；s 为松弛变量；ε 表示效率值计算中非径向部分的重要程度，w_i^- 表示各项投入指标的相对重要程度，二者得分由数据本身的客观属性决定。其中 $\varepsilon = 0$ 时等价于径向模型，$\varepsilon = \theta = 1$ 时等价于加权 SBM 模型。最终测算的效率得分在 $0 \sim 1$ 之间，得分越高表示相对有效性越强、综合绩效越好，当效率值达到 1 时表示 DEA 有效，为组内最佳效率个体，也可以称为"标杆型"国家。

4.3 指标选取及处理

根据本书的研究设计以及分析重点，按照科学、可获、可靠、可比、高代表性的原则，选取 2000 ~ 2010 年二十国集团各国家年度统计数据作为实证分析基础素材。通过文献阅读以及同领域研究者的推荐，选取来源可靠、资料完整、数据可比的统计来源，对代理变量进行数据检索与整理。

4.3.1 资本存量

国际比较分析中，各国资本存量的测算一直是个难点。本书基于永续盘存法，参考魏（Wei）等[8]的方法计算各国资本存量，计算公式为：

$$K_{it} = I_{it} + (1 - \delta_i)K_{i,t-1} \qquad (4.6)$$

其中 I_{it}，δ_i 和 $K_{i,t-1}$ 分别代表第 i 国在 t 年的总投资、折旧率和第

$t-1$ 年的资本存量。若定义基期 k_0，则资本存量计算公式可进一步改写为：

$$K_{it} = K_{i,0}(1-\delta_i)^t + \sum_{k=1}^{t} I_{i,k}(1-\delta_i)^{t-k} \qquad (4.7)$$

参考刘玉海和武鹏的假设[118]，针对一国所处经济发展阶段的不同，按不同折旧率计算——发达国家、金砖国家、其他发展中国家的折旧率分别设定为 7%、5% 和 4%。

基期资本存量 $K_{i,0}$ 参考金和莱文（King & Levine）的研究[119] 按照以下公式计算：

$$k_i = \frac{i_i}{(\delta + \lambda g_i + (1-\lambda)g_w)} \qquad (4.8)$$

其中 i_i 和 g_i 是第 i 国 1990～2010 年间平均投资率和年均经济增长率，g_w 为世界经济 1990—2010 年均增长率，参数 λ 按照伊斯特利（Easterly）等的研究选取 0.25[120]。基期设定为 1990 年，则：

$$K_{i,90} = K_i g Y_{i,90} \qquad (4.9)$$

其中，Y_i 为真实 GDP。整个计算过程中，相关指标均按照 1990 年为基期进行平减或折算，进而保证了计算过程中单位的一致性，书中以 ks 指代。

4.3.2 劳动投入

劳动投入是国民经济增长中的关键要素，也是全要素能源效率评价的重要指标之一。目前能源效率测算中劳动投入的代理变量主要包括：就业人员数量、平均受教育年限、人力资本指数、劳动力素质（劳动力数量与受教育年限乘积）等。

经过比较分析，考虑本研究的分析目标，本书使用相对简单、却应用最为普遍和成熟的劳动力投入指标——以各国登记的就业人员总量作为劳动力投入的代理变量，数据来源为世界银行。计算方法是通过年末劳动力总人口数和相应年度就业率的乘积获得，单位为百万人，在本书中用 *emp* 指代。

4.3.3　能源投入

能源投入的常用代理变量为一次能源消费量。该指标体现了一定时期内，经济体各行业和居民生活消费的各种能源的总和，是用于观察能源消费水平、构成和增速的总量型指标。

目前对世界主要国家的能源消费情况进行全面统计的来源主要包括：世界银行数据库（World Bank Data）、英国石油天然气公司统计报告（British Petroleum Statistics，BP statistics）、国际能源署数据中心（International Energy Agency，IEA）以及美国能源情报署（Energy Information Administration，EIA）等国际统计机构。

考虑到指标来源的统一性和同一性，本书选择世界银行各国"一次能源消费量"作为能源资本投入，单位为百万吨标准油（million tons of oil equivalent，MTOE），在文中以 *tec* 指代。

4.3.4　经济产出

经济产出是能源效率测度的关键维度。目前国际上对国家或地区最具代表性和权威性的经济产出主要由国内生产总值（GDP）指标替代，但到底是基于市场汇率的 GDP 还是以购买力平价（purchasing power parity，PPP）计算的国民收入更能体现真实的经济发展水平仍然存在一定争议。

根据宾大世界数据库（Penn World Database）的统计数据显示，高收入与低收入国家之间的实际收入比率被用市场汇率计算的国内生产总值系统性地夸大了。该现象也被称为"宾大效应（Penn effect）"，该效应与至少 50 年的历史数据的数量经济分析结果吻合。同时，世界银行在全球比较报告中也建议按照 PPP 法计算各国真实 GDP，并肯定了该方法的可操作性和可信度[121]。考虑以上观点，借鉴魏楚和沈满洪的思路，本书采用基于 PPP 的 GDP 作为经济产出的体现[122]。

当前国际统计中基于 PPP 的 GDP 数据来源有三个——世界银行数据库、PWT（Penn World Table）数据库和 Maddison[123]数据库。这三者中，世界银行和 PWT 均以 2005 年为基期（世界银行在 2005 年已更新基期为 2011 年），而麦迪逊（Maddison）提供的时间序列是以 1990 年为基期的各国基于 PPP 的真实 GDP，单位为国际元（GK dollar）。基期选择时间跨度长，对消除短期经济波动带来的数据影响、提高数据质量和分析结果的稳健性更有利处。因此，本书选取 Maddision 数据库的 GDP 数据作为统计来源，为便于观察以及与国际研究通用习惯保持一致，设定单位为"十亿国际元"，文中以 gdp 指代。

4.3.5　环境压力

由于统计门类、指标设计、统计年限和频率的差异，国家间环境水平的横向、纵向比较也是国际比较中的难点之一。

目前较为成熟和全面的体现环境绩效的数据源为美国耶鲁大学环境法律与政策中心、哥伦比亚大学国际地球科学信息网络中心联合实施的环境绩效指数（environmental performance index，EPI），其前身是环境可持续指数（environmental sustainability index，ESI）。环境绩效指数体现了一国环境状况和变动的综合水平，包括自然资源、污染程度、环境管理和对国际环境保护工作的贡献程度，以及历年来改善环境绩效的社会能力，并从空气质量、水质量、气候变化、土地保护 4 个维度评价一国的环境质量[124]。

环境影响的另一个代理变量为二氧化碳排放量。20 世纪中期以来，气候变暖主要是由化石燃料燃烧和土地利用变化等人类活动排放的温室气体浓度增加所引起。温室气体主要包括：二氧化碳（CO_2）、甲烷（CH_4）、氧化亚氮（N_2O）、氢氟碳化物（HFCs）、氟化碳（PF-Cs）和六氟化硫（SF_6），由于 CO_2 在 6 种温室气体中总量最多且降解时间较长，对全球变暖的影响最大，也因此成为国内外研究气候变化问题的焦点和热点。同时，二氧化碳排放的根本来源是化石能源消费，也是目前能源开发利用所带来环境影响中最为显著、国际关注度最高的指标[125]。

相对于二氧化碳排放指标，EPI 虽然覆盖面广，但不能直接反映能源活动带来的主要影响。综上考虑，本书以二氧化碳排放量作为环境压力的代理变量。目前对国家账户碳排量官方统计来源主要包括：世界银行数据库（World Bank）、BP 统计年鉴、Enerdata 数据库、世界资源研究所 CAIT 气候变化数据库、能源情报署（Energy Information Administration）、美国橡树岭国家实验室二氧化碳信息分析中心（CDIAC）。同样，考虑到数据来源的统一性和同一性，本书选取世界银行二氧化碳排放量作为数据来源，单位是百万标准吨（$MtCO_2$）。

根据变量选择及数据来源，对国家能源效率的相关变量处理后的统计分布进行总结，具体如表 4.1 所示。

表 4.1 变量统计分布

变量	单位	均值	标准差	最小值	最大值	观测对象
emp	百万人	94.73	171.06	5.75	741.66	N = 220
tec	百万标准油	422.30	568.63	55.39	2516.73	n = 200
cs	十亿国际元	4706.06	6454.68	368.59	37175.02	T = 11
gdp	十亿国际元	1763.88	2294.37	172.50	10744.37	
CO_2	百万标准吨	1062.77	1555.98	123.27	7692.21	

4.4 实证分析

4.4.1 模型相关检验

数据包络分析法（data envelopment analysis，DEA）具有其他效率

测算技术不具备的特点，包括不需要事先设定函数形式，同时可以处理不同单位的指标数据。也正是因为它的这种灵活性而得到了广泛的应用与推广。

但 DEA 模型本身的成立，也需要满足相应的前提条件。

前提条件之一：根据库珀（Cooper）等[126]模型中的决策单元（DMUs）数量需要大于等于投入与产出乘积以及投入产出和的三倍中的较大数值，具体公式如下：

$$n \geqslant \max\{m \times s, 3(m+s)\} \qquad (4.10)$$

本研究中，DMU 样本数量为 20，投入指标为 3 个，产出指标为 2 个，相应的投入产出乘积以及投入产出和三倍的最大数值为 15。因此，能够满足 DEA 对样本数量的基本要求，使得分析结果具有较高的有效性和可靠性。

前提条件之二：根据 Golany 和 Roll[127]，DEA 模型成立的另一个前提条件就是要求投入与产出之间需要满足"等幅扩张性（isotonicity premise）"假设，换句话说，就是投入的增加不会带来产出的减少。若部分指标间形成了负相关或弱相关性，则应被剔除。因此，本书利用 Pearson 相关性检验技术，对投入产出指标之间"等幅扩张性"进行检验，测试结果如表 4.2 所示。

表4.2   "等幅扩张性"检验

相关系数	emp	tec	cs	gdp	CO_2
emp	1				
tec	0.628 ***	1			
cs	0.765 ***	0.948 ***	1		
rgdp	0.663 ***	0.976 ***	0.970 ***	1	
CO_2	0.679 ***	0.992 ***	0.967 ***	0.972 ***	1

注：*** $p \leqslant 0.01$；** $P \leqslant 0.05$；* $P \leqslant 0.1$。

由表4.2可见，各项投入与产出之间具有显著的正相关性，且所有相关系数均高于0.6，说明本书所选择的"投入—产出"指标体系的合理性，保证了分析结果的稳健性和有效性。

4.4.2　能源效率测算

根据 4.2 节模型比较和筛选中所确定的非期望 EBM 模型，以及 4.3 节变量和指标的选取，利用二十国集团 2000～2010 年度统计数据，基于 Maxdea6.4 专业效率运算软件进行实证检验。相关测算结果，以及相应的年均效率值排序如图 4.2 和表 4.3 所示。其中，图 4.2 直观地体现了观测期内各国效率的水平和位置，表 4.3 提供了详细的 2000～2010 年二十国集团各国能源效率得分和排名情况。

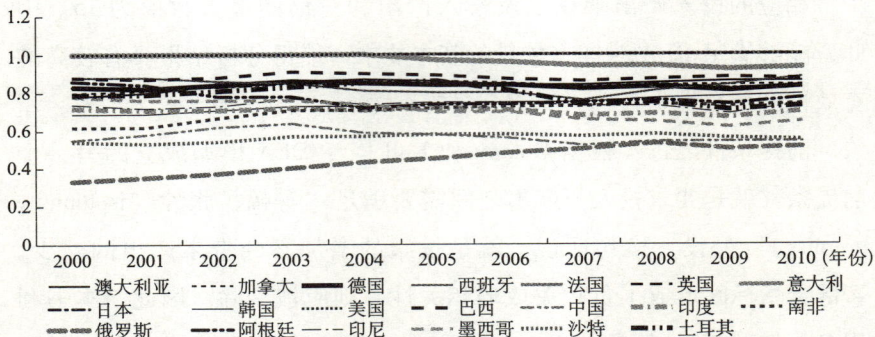

图 4.2　2000～2010 年二十国集团能源效率分布

表 4.3　　　　　2000～2010 年二十国能源效率得分及排名

国家	2000 年	2001 年	2002 年	2003 年	2004 年	2005 年	2006 年	2007 年	2008 年	2009 年	2010 年	排序
发达国家												
澳大利亚	0.78	0.80	0.84	0.86	0.87	0.86	0.84	0.84	0.85	0.86	0.86	6
加拿大	0.80	0.81	0.85	0.86	0.86	0.86	0.85	0.83	0.84	0.84	0.84	7
德国	0.83	0.82	0.84	0.86	0.85	0.84	0.84	0.82	0.83	0.81	0.83	9
西班牙	0.88	0.88	0.86	0.85	0.81	0.80	0.80	0.76	0.81	0.84	0.88	8
法国	1.00	1.00	1.00	1.00	1.00	1.00	1.00	1.00	1.00	1.00	1.00	1
英国	1.00	1.00	1.00	1.00	1.00	1.00	1.00	1.00	1.00	1.00		1
意大利	1.00	1.00	1.00	1.00	1.00	0.97	0.96	0.94	0.94	0.92	0.93	4
日本	0.83	0.83	0.83	0.85	0.85	0.84	0.84	0.82	0.84	0.82	0.83	10
韩国	0.69	0.69	0.71	0.73	0.73	0.74	0.75	0.75	0.77	0.78	0.79	13
美国	1.00	1.00	1.00	1.00	1.00	1.00	1.00	1.00	1.00	1.00		1

续表

国家	2000 年	2001 年	2002 年	2003 年	2004 年	2005 年	2006 年	2007 年	2008 年	2009 年	2010 年	排序
金砖国家												
巴西	0.88	0.87	0.88	0.91	0.90	0.89	0.87	0.86	0.87	0.88	0.87	5
中国	0.55	0.58	0.62	0.64	0.59	0.58	0.56	0.52	0.54	0.54	0.54	18
印度	0.72	0.71	0.71	0.72	0.71	0.72	0.71	0.68	0.69	0.67	0.70	16
南非	0.62	0.62	0.67	0.71	0.71	0.72	0.73	0.73	0.74	0.73	0.74	17
俄罗斯	0.33	0.35	0.37	0.40	0.43	0.45	0.48	0.50	0.53	0.50	0.51	20
其他发展中国家												
阿根廷	0.86	0.84	0.78	0.78	0.72	0.74	0.74	0.75	0.76	0.74	0.77	12
印度尼西亚	0.74	0.72	0.73	0.77	0.74	0.75	0.75	0.73	0.73	0.69	0.74	14
墨西哥	0.78	0.76	0.76	0.76	0.74	0.70	0.70	0.66	0.65	0.62	0.65	15
沙特阿拉伯	0.54	0.53	0.54	0.57	0.57	0.58	0.58	0.57	0.58	0.56	0.55	19
土耳其	0.79	0.79	0.81	0.83	0.85	0.86	0.81	0.74	0.75	0.71	0.73	11

从图 4.2 的分布，已经能够看出能源效率在二十国集团内部出现了比较明显的"收敛"和"追赶"特征，即随着时间的推移，国家间的效率差距在总体上出现了不断缩小的趋势，且后发国家出现了向先进国家的"追赶"现象。

从表 4.3 的得分以及相应效率值排名来看，法国、英国、美国实现了相对 DEA 有效，2000～2010 年间效率值为 1，实现了能源环境的"又好又快"发展，成为二十国集团内的"标杆"和"典范"。同时，这三个国家均为先进经济体，又分别代表了北美、欧洲、欧盟的发展模式，体现出各自的能源效率管理特点。此外，巴西的能源效率不但在金砖国家中遥遥领先，在二十国集团中也处于"高效率"水平。该结论与大部分涉及金砖国家能源经济效率的比较研究结论相一致性，也进一步体现了本书分析思路、方法和相应结论的稳健性；相对应的，俄罗斯、沙特阿拉伯和中国则成为能源效率最明显的低效率国家。

对中国而言，其效率值不但在二十国集团中处于较低水平（排名 18 位，仅高于俄罗斯与沙特阿拉伯），且低于其他金砖国家和大部分的发展中国家。说明中国能源利用、经济发展与气候变化间的矛盾十分突出。如何提高整体能源效率，缩小与先进水平能源效率差距，已经成为我国当前最为迫切和重要的问题之一。

从时间上看，中国能源效率的逐年变化趋势也反映出了其经济发展中能源需求与气候变化和环境保护之间的博弈：2002 年，中国开始了新一轮的"重工业化"战略，经济增长开始进入能源高度依赖阶段；2003 年，人均 GDP 突破 1000 美元，以住宅、汽车、家电等消费需求为主的消费不断升级，进一步刺激了以能源为代表的自然资源消耗的快速增长。重工业化拉动以及消费升级驱动的"双重压力"，加深了中国经济增长的能源依赖和环境压力，直接导致了环境约束下的能源效率显著下降。

但几乎在同一时期，国家也开始积极推动节能与减排并重的经济发展模式。尤其是 2004 年以后，中央政府开始提倡"科学发展观""和谐社会""清洁生产""循环经济"以及"节能减排"，并从政策导向和宏观管理层面，颁发一系列能源合理利用、清洁能源开发、排放污染控制等政策法规和指导意见。例如，2004 年，国家发展与改革委员会颁布了《节能中长期专项规划》；2006 年，中国"十一五"规划纲要明确提出节能减排的约束性指标，力求在 2006～2010 年间，单位 GDP 能耗降低 20%，主要污染物排放总量下降 10% 左右；2007 年，继续出台了《中国应对气候变化国家方案》，这也是发展中国家的第一部国家气候政策方案。由此，不断形成从中央到地方、从部门到产业、从企业到个人、从法律到文化的多维度、多层次能源环境治理，在一定程度上缓解了经济增长中因工业化、城市化进程以及国民消费升级所带来的节能减排压力。

但不可否认的是，一方面，政策具有较强的"时滞性"，其正面效应的体现往往需要经过一段时间的反应和反馈；另一方面，当时的"补救措施"并未从根本上解决中国经济发展中的能源环境问题，碳排放约束下的能源效率虽然在 2008 年以后出现了回升，但仍低于 2000 年最初水平，且与二十国集团大部分国家仍有不小的差距。

为了进一步区分中国与二十国集团中相对效率最优水平（此后简称"最优水平"）、平均水平以及金砖国家组的平均水平之间的差异，尤其是统计上的差异显著性，本书继续利用 Wilcoxon 秩和检验技术对组间差距进行分析。Wilcoxon 秩和检验是组间差异非参数检验的方法之一，适用于样本总体较小、样本分布不确定、仅有两组数据相比较的情形。因此，适用于本研究的组间差距分析，相应的统计结果如表 4.4 所示。

表 4.4　　　　　　　　　　组间 Wilcoxon 秩和检验结果

组	样本量	秩和	期望值	调整方差	Prob > ｜ z ｜
中国	11	66	126.5	203.11	0.000
G20 最优	11	187	126.5		
中国	11	66	126.5	231.92	0.000
G20 平均	11	187	126.5		
中国	11	69	126.5	231.26	0.000
金砖平均	11	184	126.5		

根据表 4.4 结果可知，中国与二十国集团相对最优水平（效率值为 1 的国家）差异检验的 P 值为 0.000，在 1% 显著水平上拒绝原假设，说明中国与目前国际上能源效率利用的先进水平具有非常显著的差距；同时，中国与二十国平均水平的组间检验 P 值也在 1% 的显著水平上拒绝了原假设，说明中国能源效率水平显著低于二十国集团的平均水平；不仅如此，作为金砖国家成员之一，中国的环境约束下能源效率水平也显著低于金砖国家的平均水平（p = 0.000）。

以上的分析检验结果也进一步凸显出我国目前能源利用整体水平低下的矛盾和现状，其开发利用方式与世界主要国家相比仍然是粗放型和不可持续的。

4.4.3　分组比较讨论

根据上一小节的研究结果，进一步对二十国集团内部按照发达国家、金砖国家和发展中国家进行分组比较和讨论。表 4.5 和图 4.3 分别为各集团年均效率的数值和相应的构图。

表 4.5　　　　　　　　　二十国集团及各子集团年均效率值

集团	2000 年	2001 年	2002 年	2003 年	2004 年	2005 年
发达国家	0.880	0.884	0.893	0.900	0.896	0.890
金砖国家	0.618	0.625	0.651	0.678	0.669	0.671
其他发展中国家	0.741	0.729	0.722	0.743	0.724	0.728
G20	0.747	0.746	0.755	0.774	0.763	0.763
集团	2006 年	2007 年	2008 年	2009 年	2010 年	
发达国家	0.888	0.877	0.888	0.887	0.896	
金砖国家	0.670	0.659	0.671	0.665	0.673	
其他发展中国家	0.718	0.691	0.694	0.664	0.688	
G20	0.758	0.742	0.751	0.738	0.752	

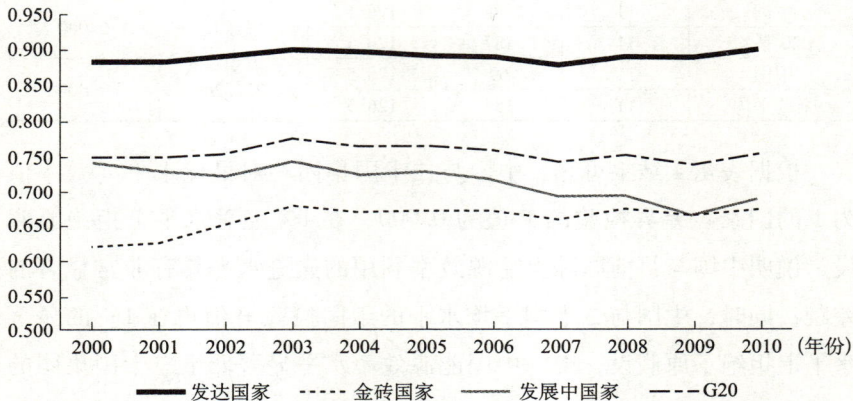

图 4.3　二十国集团及各子集团年均效率值

从表 4.5 和图 4.3 结果来看，2000～2003 年间二十国集团整体效率水平出现了小幅度上涨和提升，但在 2004～2007 年间出现了下降，并于 2007 年跌至"谷底"。2008 年之后出现小幅回升，效率变化总体上趋于平稳。而该时段也是国际能源、经济和气候变化较为"动荡"的时期，例如：2004～2007 年，全球经济保持了高度的"繁荣"，年均增长速度接近 4%，同时也带来了大量的能源消费，引起 2004～2007 年国际原油价格高涨（也有人称其为"第三次能源危机"）和二氧化碳排放量的激增。能源约束和气候变化的"非期望"产出抵消了由经济增长带来的收益。2007 年夏季开始次贷危机在美国出现，到 2008 年迅速扩大至其他国家，演变为全球范围内的金融危机。在此期间，二十国集团各经济体均在不同程度上受到了冲击和影响；2009年第二季度开始，世界经济进入"后危机时代"，增长开始进入缓慢恢复期。金融危机带来的增长趋缓，也在一定程度上缓解了对资源环境的冲击，能源效率在整体上出现了微弱的"回暖"现象。但从时间维度上看，仍未恢复到2000年水平。该结果一方面体现出国际上能源效率的整体恶化趋势，另一方面也反映出目前世界主要经济体共同面临的节能、减排与增长"三难"处境。

从分组结果来看，三个子集团效率水平由高到低的排序依次为发达国家、其他发展中国家和金砖国家。为了进一步验证分组讨论结果的有效性，尤其是统计意义上的差异显著性，本书继续利用非参数组间差异 Kruskal-Wallis 非参数秩和检验技术，对各组年均效率值进行差异性检验。Kruskal-Wallis 是组间差异非参数检验的方法之一，适用于样本总体较小、样本分布不确定、多组数据相比较的情形，适用于本研究多组间差距比较分析的设计。相关统计结果如表4.6和表4.7所示。

表4.6　　　　　　　　　Kruskal-Wallis 组间差异秩和检验

组	样本量	秩和	秩均值	卡方	Prob.
发达国家	11	429	39	40.201	0.000
金砖国家	11	67	6.09		
其他发展中国家	11	186	16.91		
二十国集团	11	308	28		

表4.7　　　　　　　　　Kruskal-Wallis 组间多维差异检验

原假设	秩均值差	临界值	Prob.
"发达"与"金砖"无差异	32.91	14.45	0.000
"发达"与"发展中"无差异	22.09	14.45	0.000
"发达"与 G20 无差异	11.00	14.45	0.022
"金砖"与"发展中"无差异	10.82	14.45	0.024
"金砖"与 G20 无差异	21.91	14.45	0.000
"发展中"与 G20 无差异	11.09	14.45	0.021

由表4.6的 Kruskal-Wallis 秩和检验结果可知，发达国家、金砖国家、其他发展中国家和二十国集团整体水平之间的差异度检验 p 值为

0.000，在 1% 的水平上显著拒绝"组间无差异"的原假设。因此，可以认定各组的效率差异在统计上是显著的。

表 4.7 进一步汇报了各组两两比较的结果。由表中 p 值可知，KW 检验两两差异比较中，也分别在 1% 和 5% 的水平上拒绝原假设，体现了各组间差距的显著性。说明发达国家、其他发展中国家和金砖国家组的组间效率差异是显著存在的。同时，结合前述对组间排序的结果（三组效率值从高到低的排序依次为发达国家、其他发展中国家和金砖国家），可以说明，发达国家组的平均水平显著高于其他两个子集团。该结果表明不同国家群组之间确实存在能源环境利用水平上的差异。

（1）发达国家。发达国家集团的平均效率水平在二十国集团中仍处于领先地位。相对而言，发达国家借助其先进的技术水平、大规模能源环境研发投入、全球产业链的优势地位、社会文明高度发达、成熟的制度环境、较高的国民素质及节能环保意识，形成了对能源更有效、更绿色的源头开发、高效利用和循环回收，进而相对有效地实现了"又快又好"的增长。也说明发达国家的"能源—经济—环境（3E 系统）"已经实现了"正反馈机制"。

（2）金砖国家。金砖国家在二十国集团中的整体表现不尽人意，能源效率在二十国集团中处于最低水平。说明金砖国家近年来虽然实现了全球瞩目的经济增长，但其能源开发利用方式仍是建立在"高消耗、高污染、高排放"的基础上的。一旦将环境外部性纳入评价体系，其经济增长带来的"红利"就会被"抵消"，甚至出现了负增长的趋势。说明金砖国家的"能源—经济—环境（3E 系统）"依然是以"负反馈作用"机制为主导的。但值得注意的是，金砖国家虽然效率平均水平在二十国集团内最低，2000 ~ 2010 年增长速度较快，与宋（Song）等[10]的研究结论具有较高的相似度。更值得注意的是，金砖国家群组作为"后发地区"，已经表现出了对先进水平的加速追赶，实现了对发展中国家集团的接近，同时不断缩小与发达国家的差距。

（3）其他发展中国家。除金砖国家外的其他发展中国家在2000～2010年间，整体能源效率处于二十国集团的中间位置，但除了个别年份效率出现了微弱的提升或者反弹，整体上仍体现出了效率增长的"退步"。该结果说明了观测期内发展中国家能源环境绩效在总体上出现了恶化的迹象，其能源开发利用过程中的经济效率和环境压力均不尽如人意，且随着时间推移与世界先进水平的差距不断扩大，"能源效率缺口"日益显著。此外，值得注意的是，发展中国家在2009年出现了"触底反弹"的迹象，2009～2010年能源效率出现显著回升。但因为观测期的限制，无法确定该组在2010年以后是否确实出现了明显的效率改善，或是出现了显著的"U"型曲线。

4.5 本章小结

本章从绿色化视角出发，基于"3E系统"外部性理论，构建起环境约束下的能源效率测度框架。进一步利用非期望EBM技术对2000～2010年G20各国能源效率进行分析，形成对世界主要经济体能源综合利用水平以及时空演化特征的客观认识。在此基础上，得出了以下主要结论。

第一，二十国集团整体能源效率在观测期内出现了微弱的下降趋势，反映出能源合理、绿色化利用——在满足经济增长需求的同时降低环境影响——在全球范围内普遍存在的压力和挑战。

第二，从子集团效率分布来看，发达国家的能源效率水平仍处于领先地位，并且显著高于金砖国家和其他发展中国家；其他发展中国家在三个子集团中处于中等水平，但在观测期内的效率水平出现了停滞和徘徊；金砖国家效率水平在各个子集团中处于末位，但在观测期内增速最高。2009年，金砖国家集团已经接近了发展中国家平均效率水平，并不断缩小与世界先进水平之间的差距，同时实现了对发达国家的追赶。

第三，从个体国家绩效来看，法国、英国、美国在观测期内所有年份均达到了 DEA 的最优前沿，实现了能源综合利用水平的又快又好发展，即在经济发展的前提下，成功实现了节能减排；相对而言，中国、俄罗斯、沙特阿拉伯等国家在环境约束下的能源效率值则显著地落后于其他成员国。

第四，对中国而言，其能源效率值仍然处于较低水平，不但显著低于 G20 先进水平，并且显著低于 G20 平均水平、显著低于金砖国家平均水平。该结果一方面说明中国目前能源利用方式的非可持续性，以及其节能减排的巨大压力；另一方面，也意味着中国能源效率仍具有巨大的提升空间。因此，如何通过追赶因素的识别，实现对世界高效率水平的追赶，促进中国在新一轮的国际竞争中实现绿色、包容、可持续增长，则成为摆在国家政府面前的重大议题。

由此可见，第 3 章提出的关于能源效率的假设在本章节都得到了验证，即：发达国家的环境约束下能源效率水平依然处于领先地位（H1.1）、金砖国家的效率水平最低（H1.2）、中国的能源效率不但与 G20 先进水平有显著差距，并且显著低于金砖国家的平均水平（H1.3）。

现有的研究结果也表明，环境约束下的能源效率国家间差异性非常突出，"能源效率缺口"不容忽视。该结果从一定程度上反映了世界范围内能源综合利用水平差异的存在性。但从动态发展趋势来看，进一步体现出世界范围内能源效率分布的"集团性""动态性"和"收敛趋势"。

那么，由此而引发的思考是：哪些国家在观测期内实现了更快的效率增长，并实现了对最优前沿的追赶？G20 集团及其子集团的效率增长方式是否存在差异？金砖国家是否实现了对发展中国家和发达国家的追赶？中国在观测期内是否也实现了对高效率水平的加速追赶？

除此之外，本书提出了更为大胆的"猜想"："中等收入陷阱"是否也存在于能源效率领域，成为"中等效率陷阱"，使得发展中国家

的效率增长出现停滞和徘徊？在经过效率的高速增长、摆脱效率的
"贫困陷阱"的金砖国家，在达到"中等效率水平"之后，是否也能
够继续保持良好的势头，避免重复发展中国家的衰退道路？

　　本章所得到的测算结果和分析，为第 5 章的效率增长收敛检验，
以及第 6 章后发国家追赶先进效率水平的关键因素分析提供测算结果
基础，并形成全书分析探讨的"前后呼应"，保证行文的一致性。

5 能源效率收敛及追赶检验

5.1 分析思路及框架

根据第 4 章对二十国集团能源效率的全面测度和分析，可以发现几个重要的现象：一是在观测期内，二十国集团的国家间出现了效率差距缩小的趋势，以及效率落后国家向先进水平的追赶效应；二是发展中国家的平均效率水平出现了增长的停滞甚至是倒退；三是金砖国家的平均效率虽然在初始阶段处于落后位置，但在观测期内一直保持着强劲的增长速度，并且在 2009 年实现了对发展中国家组的追赶，并以更快的速度接近发达国家水平。

因此，本章首先在第 4 章效率测算的基础上，利用指数法对各国效率的增长水平进行评价，识别效率增长高速的"追赶型国家"。同时，利用相应收敛检验模型，对二十国集团整体以及其子集团的收敛情况进行检验，明确集团内和集团间收敛趋势和特征，进一步丰富能源效率收敛的理论探讨与实证分析（见图 5.1）。

5.2 模型比较及选择

5.2.1 效率指数测算

效率指数最初来源于对决策单元（例如，国家、地区、企业、家

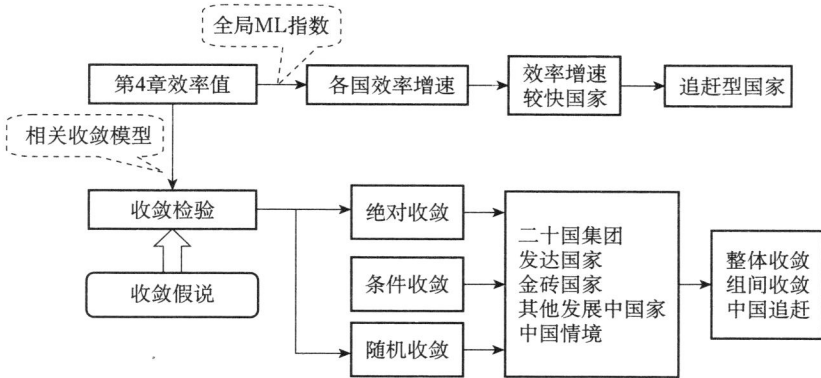

图 5.1 能源效率增长及收敛检验分析框架

庭或个体）生产率变化幅度和速度的观测。目前对效率指数的测算主要是利用 Malmquist 分析方法。该方法于 1982 年由凯夫斯（Caves）等首次提出，在假定技术有效前提下，不需要价格信息即可获得生产率的变动情况。随后，Malmquist 指数在生产率的动态变化评价中得到迅速推广，同样也被广泛应用于全要素能源效率指数测算中，有效反映出能源利用效率动态变化的速度和趋势。通常来说，若 Malmquist 指数大于 1 说明能源利用效率上升，且数值越大，说明效率增长速度越快；若该指数等于 1 说明效率没有发生变化，与对照时期的效率水平保持一致；若该指数小于 1，则说明效率在下降，数值越小，下降幅度越显著。

尽管 Malmquist 指数具有较强的分析功能，但不能有效地对含有非期望产出的效率变化进行测度。在传统 Malmquist 指数分析技术的基础上，Chung 等[128]进一步提出了 Malmquist-Luenberger 生产率指数（简称 ML 指数），用以测度存在"坏"产出时的全要素生产率，即在给定的投入水平下，以最小的非期望产出（污染）来尽可能多地生产期望产出。该指数一经提出即在非期望产出效率模型中得到了迅速的应用和拓展。

此外，传统 Malmquist 指数的另一个缺陷在于，其测度效率变动是以单期截面决策单元的投入产出数据构造生产技术参照集，容易造成技术进步的不连续性，因而通过此方法测算得到的结果存在虚假的技术退步缺陷。因此，欧赫（Oh）[129]进一步提出了基于全局比较的 ML（global Malmquist-Luenberger，GML）指数。与当期技术前沿相比，全局 ML 指数模型以所有时期的投入产出数据构造全局生产技术参照集，在测算生产率指数时表现出更好的连续性和稳健性，可以很好地解决传统 Malmquist 指数模型存在虚假的技术退步这一缺陷，从而也就避免了生产效率的"被动"提高。此外，该模型也同时具有指数的可传递性优势，并且能够避免线性规划无可行解的情况。

5.2.2 收敛检验模型

目前传统的收敛检验模型主要有 α 收敛和 β 收敛。α 收敛是指不同经济系统间产出（或绩效）的离差随时间的推移而趋于减少，最后经济发展差异消失。通常以国家（地区）间对数经济生产力的标准差作为衡量指标。若标准差的数值随时间推移逐渐降低，说明观察对象间的绝对差距（例如国家间的人均经济水平）是不断缩小的，出现了经济收敛的现象。若统计结果不断地扩大，则表明出现发散，国家间的人均经济差距随时间推移不断地扩大。该统计方式虽然能够体现观察对象之间差异的动态变化，但无法测度观察对象间的转移效应，因此需要进一步通过 β 收敛进行检验。

β 收敛刻画的是发达地区能够以快于发达地区的速度增长，并不断缩小彼此之间的差异，实现对"先进者"的追赶。绝对 α 收敛和绝对 β 收敛可以互相验证。考虑到经济体之间的异质性问题，β 收敛又分为绝对 β 收敛和条件 β 收敛。绝对 β 收敛将其他的经济个体成员作为参考系，而条件 β 收敛是将自身的稳态作为参考系。

绝对收敛是指无论各经济体初始经济条件如何，都最终收敛到统一稳态。从经济增长的收敛角度看，经济发展水平较低的国家或地区增长率将显著高于经济发展水平较高的地区，并最终达到一致的收敛状态。随着相关理论的发展和学科间交叉相容的不断深化，传统的收敛检验理论、模型和方法也不断地被应用于能源效率的研究当中，以观察不同对象间能源效率水平的差异变化和趋势特点（详见 1.2 节国内外研究进展）。若国家能源效率存在收敛，则说明初始经济环境和能源利用水平较低的国家或地区，其能源效率增长率将显著高于高水平国家或地区，从而获得同一的稳态水平。

条件收敛指的是，不同经济体因初始条件和发展基础的差异，长期内人均产出路径将收敛于自身的稳态水平而不是收敛于同一稳态水平。能源效率的条件收敛意味着各个经济体收敛于各自的稳态，国家间的效率差异长期内依然是存在的。若绝对收敛和条件收敛同时存在，则表明国家间的效率绝对差异虽然会随时间推移而不断缩小，但这种差距在短时期内是不会彻底消失的。由于本书所关注的是二十国集团内部以及各子集团之间是否出现了环境约束下的能源效率趋同，即低效率国家（组）是否能够以更快的速度实现效率提升，不断缩小与先进水平（组）的差距，因此将重点分析 α 收敛和绝对 β 收敛的实证结果。

与传统收敛概念不同，随机收敛重点关注的是经济体之间的增长变动是否保持了一个相对稳定的变化路径，并不依据观察对象间的差异绝对值变动进行判断[130]。也就是说，若观察对象间的相对变化，保持了一个随时间推移的相对平稳的路径，说明存在一个随机平稳的过程，即存在随机收敛；反之，若观察对象间的相对变化不能够形成一个差异均衡，在外来冲击的情况下组内部个体之间的相对变化不再稳定，则说明出现了随机发散。相应的，国家间能源效率的随机收敛的存在，则表明该组国家之间的效率变化保持了一个相对稳定的路径，在 t 时刻效率的长期预测值成比例变化。换句话说，随机收敛的成立表明：在正常情况下（重大历史、政治事件，或重大技术创新等情况除外），国家层面能源效率的提高是一个相对缓慢而长期的过程。

5.3　指标变量选取

本章第一部分 GML 指数测算，是在第 4 章非期望 EBM 效率测算结果的基础上，利用全局 ML 技术的估计，在此处以 *gml* 代表。同样，本章节第二部分追赶及收敛假说的检验，其观测变量来源也为第 4 章非期望 EBM 能源效率得分，对数据进行处理后，构建环境约束下的能源效率绝对、条件和随机收敛检验模型。因此，本章节不涉及相关样本或者新增指标变量的选取。

与前述章节保持一致，对于二十国集团内部的分组，依然按照不同的经济发展水平将 G20 国家分类为发达国家组（澳大利亚、加拿大、英国、美国、德国、法国、意大利、西班牙、日本、韩国）、金砖国家组（中国、巴西、印度、南非、俄罗斯）、其他发展中国家组（阿根廷、墨西哥、印度尼西亚、沙特阿拉伯、土耳其）。

5.4　实证分析与检验

5.4.1　效率增长的测度

在第 4 章非期望 EBM 效率模型基础上，将参考集调整为各期的总和，计算得到全局参比下的效率值，进而构建全局 ML 指数，具体公式为：

$$GML^{t,t+1} = D_c^G(x^{t+1}, z^{t+1}, y^{t+1}, -b^{t+1}) / D_c^G(x^t, z^t, y^t, -b^t) \quad (5.1)$$

$$D_c^G(x_k^t, y_k^t, -b_k^t) = \min \frac{\theta - \varepsilon_x \sum_{i=1}^m \frac{\omega_i^- s_i^-}{x_k}}{\varphi + \varepsilon_y \sum_{r=1}^q \frac{\omega_r^+ s_r^+}{y_k} + \varepsilon_z \sum_{t=1}^p \frac{\omega_t^{b-} s_t^{b-}}{z_k}} \quad (5.2)$$

$$\text{s. t.} \sum_{j \in T^G}^{n} x_{ij}\lambda_j + s_i^- = \theta x_{ik} \tag{5.3}$$

$$\sum_{j \in T^G}^{n} y_{ij}\lambda_j + s_r^+ = \varphi y_{rk} \tag{5.4}$$

$$\sum_{j \in T^G}^{n} z_{ij}\lambda_j + s_t^{b-} = \varphi z_{tk} \tag{5.5}$$

$$\lambda_j \geqslant 0, s_i^-, s_r^+, s_t^{b-} \geqslant 0; i = 1,2,\cdots,m; r = 1,2,\cdots,q; t = 1,2,3,\cdots,p; j \in T^G \tag{5.6}$$

其中，各符号的具体意义与式（4.1）相同，此处仅新增 T^G 代表全局技术集，作为全局变动的参照对象。若 GML > 1，则表明决策单元在第 $t+1$ 期的效率前沿比第 t 期更接近群组的跨期前沿，也是能源效率得到优化与提高的一种体现。同样，GML 数值越大，说明其效率增长和优化速度越快；反之，若 GML < 1，意味着决策单元在第 $t+1$ 期的效率前沿与第 t 期相比更加偏离群组的跨期前沿，出现了能源效率的恶化，其退步速度也由 GML 指数得分体现；若 GML = 1，则说明在跨期比较中，国家能源效率水平没有出现变动，保持了一个稳定的态势。利用式（5.1）和第 4 章非期望 EBM 的效率得分，计算得到二十国 2000～2010 年间跨期动态 GML 指数，相关结果见表 5.1。

表 5.1 列出了 2000～2010 年间二十个国家的跨年能源效率变动指数。由结果列表可见，二十国集团中的大部分国家在观测期内实现了对最优前沿的追赶，国家能源效率水平得到了一定程度的优化与提高。其中，俄罗斯能源效率在 2000～2010 年间提升速度最为显著，以年均 3.5% 的增长率位列第一，这与孙立成等[131]的研究结论具有高度的一致性。此外，韩国的表现也非常突出，能源效率的年均增速达到 1.8%，在二十国集团中位列第二位。换句话说，俄罗斯和韩国用更快的速度实现了对效率最优前沿的追赶。此外，在发展中国家样本中，印度尼西亚表现不俗，在二十国集团中年均增长率位列第五，成为发展中国家集团中的佼佼者。因此，本书以俄罗斯、韩国和印度尼西亚作为追赶型国家的观察对象。

表 5.1　　2000～2010 年二十国集团 GML 指数

国家	2000～2001年	2001～2002年	2002～2003年	2003～2004年	2004～2005年	2005～2006年	2006～2007年	2007～2008年	2008～2009年	2009～2010年	均值	排序
发达国家												
澳大利亚	1.01	1.01	1.00	1.01	1.00	1.00	1.02	1.00	1.02	1.01	1.008	7
加拿大	1.00	1.01	0.99	1.01	1.01	1.00	0.99	0.99	0.98	1.02	1.001	13
德国	1.00	1.01	1.00	1.01	1.00	1.02	1.01	1.00	0.96	1.03	1.004	11
西班牙	1.00	1.00	0.99	0.99	0.99	1.01	1.01	1.04	1.07	1.04	1.014	4
法国	0.98	1.00	0.99	1.01	1.00	1.02	1.01	1.00	1.00	1.00	1.001	12
英国	0.99	0.99	1.02	1.00	1.00	0.99	1.01	0.99	1.01	1.00	1.000	14
意大利	1.00	0.99	0.98	0.99	1.01	1.01	1.01	0.99	0.98	1.02	0.997	18
日本	1.01	1.01	1.02	1.02	1.01	1.02	1.02	1.00	0.97	1.03	1.010	6
韩国	0.99	1.02	1.01	1.02	1.03	1.04	1.03	1.01	1.00	1.03	1.018	2
美国	1.00	1.01	1.01	1.02	1.00	1.00	1.00	0.99	0.99	1.02	1.005	10
金砖国家												
巴西	0.99	1.02	1.01	1.02	1.01	1.02	1.02	1.00	1.01	0.98	1.008	8
中国	1.07	1.06	1.02	0.95	1.00	1.00	0.99	1.02	1.01	1.01	1.014	3
印度	0.99	0.97	1.01	0.98	0.98	0.98	1.00	1.00	0.98	1.04	0.994	20
南非	1.01	1.02	1.06	1.01	1.02	1.01	1.00	0.98	0.96	1.00	0.999	15
俄罗斯	1.05	1.05	1.07	1.06	1.05	1.06	1.05	1.02	0.92	1.02	1.035	1
其他发展中国家												
阿根廷	0.96	0.92	1.01	1.01	1.04	1.02	1.02	0.98	0.95	1.05	0.997	19
印度尼西亚	0.96	1.01	1.03	0.99	1.04	1.04	1.01	0.99	0.96	1.07	1.010	5
墨西哥	0.99	0.98	1.00	1.00	0.97	1.04	1.01	0.98	0.97	1.04	0.997	17
沙特阿拉伯	0.98	0.98	1.06	1.04	1.03	1.00	0.97	0.99	0.94	1.01	0.999	16
土耳其	1.02	1.01	1.01	1.05	1.04	0.97	0.98	1.02	0.96	1.02	1.006	9

注：平均值为各国 2000～2010 年几何平均数。

　　相对而言，中国在观测期内也实现了效率的提升和对最优前沿的追赶，且进步幅度较大。2000～2010 年间中国 GML 指数年均得分为 1.014，仅次于俄罗斯（1.035）和韩国（1.018）。而意大利、印度、南非、阿根廷、墨西哥和沙特阿拉伯的年均 GML 指数均小于 1，出现了不同程度的效率恶化与退步。

　　为了进一步对各子集团的整体追赶效果进行观察，本书分别对二十国集团、发达国家、金砖国家、其他发展中国家各年均值进行总结，如图 5.2 所示。

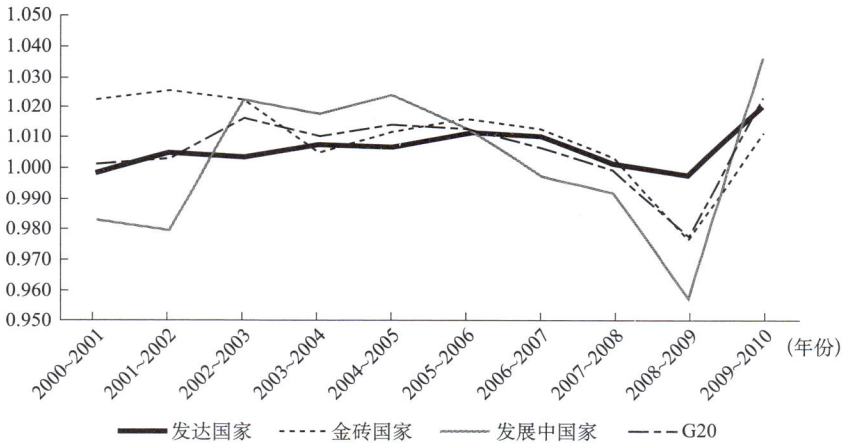

图 5.2　各集团 GML 指数年均分布

　　由图 5.2 的分布可见，各集团的 GML 指数在 2007～2008 年间受全球金融危机的影响出现了显著的下滑，且于 2008 年跌至"谷底"。尤其是金砖国家和其他发展中国家受此次危机的影响最为显著，也说明了这两类国家相对于发达国家来说，其"经济—能源—环境"系统的稳定性较差。2009 年之后，世界经济进入"后危机时代"，G20 整体指数开始出现反弹和回升。其中，其他发展中国家和金砖国家的反弹幅度较发达国家集团更为显著，该结果也从一定程度上肯定了新兴经济体对全球经济复苏的贡献。

　　相对于其他子集团，发达国家的年均 GML 指数整体变动幅度较小，除了在 2007～2008 年间出现了较为明显的下降外，大部分年份保持在较为稳定的范围。该结果一方面体现了发达国家的"能源—经济—环境"系统的相对稳定性，另一方面也说明该类国家在能源环境治理方面的成就和榜样效应。

5.4.2 绝对 α 收敛检验

目前对绝对 α 收敛检验的具体方法包括方差、标准差、变异系数、基尼系数等。本书选取最为常用的标准差（也被称为标准偏差或均方差）分析法形成对环境约束下能源效率的 α 绝对收敛检验，具体公式为：

$$\sigma = \sqrt{\frac{1}{N}\sum_{i=1}^{N}(x_i - \mu)^2} \tag{5.7}$$

标准差能体现数据分布的离散程度，用于检验随着时间推移，不同国家的能源效率间绝对差异随时间推移的变化情况。若各项得分逐渐变小，则表示样本间能源效率的离散程度不断缩小，趋于 α 收敛；反之，则趋于发散，说明二十国集团国家间或集团间能源效率绝对差距是不断扩大的。

根据相关公式，基于非期望 EBM 模型计算得到的各国 2000～2010 年的能源效率值，分别对二十国集团、发达国家子集团、金砖国家子集团、其他发展中国家子集团，以及三个子集团间的 α 收敛情况进行测度，相关结果如表 5.2 所示。

表 5.2 　　　　　　　　　二十国集团及各子集团 α 收敛检验结果

组	2000 年	2001 年	2002 年	2003 年	2004 年	2005 年
G20	0.175	0.171	0.162	0.153	0.155	0.148
发达国家	0.114	0.11	0.101	0.095	0.098	0.094
金砖国家	0.203	0.192	0.185	0.183	0.174	0.165
其他发展中国家	0.122	0.118	0.107	0.100	0.101	0.1
组	2006 年	2007 年	2008 年	2009 年	2010 年	
G20	0.144	0.146	0.143	0.15	0.147	
发达国家	0.093	0.098	0.087	0.086	0.08	
金砖国家	0.154	0.15	0.144	0.154	0.148	
其他发展中国家	0.085	0.078	0.078	0.074	0.088	

为了进一步直观体现出二十国集团整体以及各子集团内 α 收敛趋势与状态，将表5.2中数据用曲线图表示，如图5.3所示。

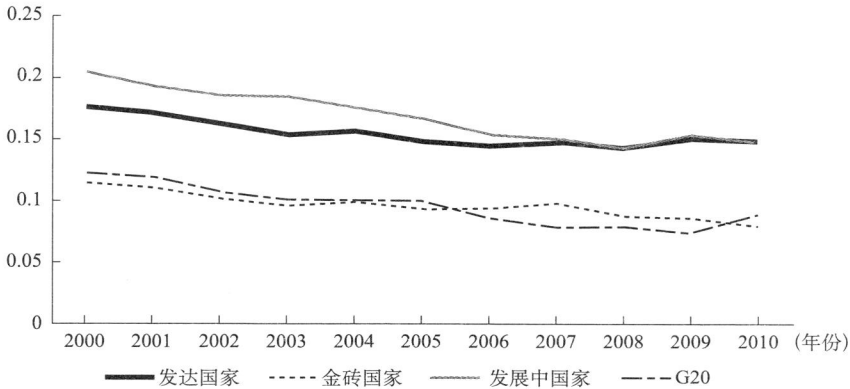

图5.3 二十国集团及各子集团 α 收敛检验结果

由表5.2和图5.3可见：

（1）从 G20 整体上看，二十国集团在 2000～2010 年间出现了比较平缓的收敛趋势，其中以 2000～2003 年收敛态势最为显著，2008～2009 年出现微弱的发散，但 2009～2010 年又出现了收敛现象。该结果表明，二十国集团内部各国的能源效率出现了"差距缩减"。即随着时间的推移，高效率国家和低效率国家间的差距在不断缩小。

（2）对发达国家来说，该组的标准差在观测期内出现了波动下降的趋势，虽然在 2003～2004 年以及 2006～2007 年出现了小幅的离散现象，但整体上仍出现了 α 收敛。说明了观测期内，发达国家组内高效率国家和低效率国家间的效率差距随着时间的推移出现了缩小的趋势。

（3）对金砖国家而言，该集团整体上出现了显著的 α 收敛趋势，其中 2000～2008 年现象十分显著，2008～2009 年虽然略有分散，但从 2009 年以后又恢复了标准差的下降。该结果的出现说明金砖国家内部高效率国家和低效率国家间的差距随时间的推移不断缩小，且效率"缺口"在 2000～2008 年间呈现出了加速缩小的态势。

（4）对其他发展中国家来说，该组在 2000～2009 年出现了 α 收敛，虽然在此期间略有波动，但从总体上仍实现了国家间能源效率差距的缩小。值得注意的是，2009 年之后，其他发展中国家组内效率差距出现了明显的扩散，α 收敛检验在该时段内失效。该结果说明 2009～2010 年发展中国家内部的效率缺口出现了放大趋势，组内高效率国家和低效率国家间差距不断扩大。该结果的出现，也在一定程度上支持了本书提出的"中等效率陷阱"猜想。

为了进一步对发达国家、金砖国家、发展中国家间，以及中国与发达国家组和 G20 平均水平的收敛状态进行检验，本书继续利用标准差方法对集团年均效率值和中国效率得分的相对变动情况进行检验。具体结果如表 5.3 所示。

表 5.3　　　　　　　　　　　集团间 α 收敛检验结果

项目	2000 年	2001 年	2002 年	2003 年	2004 年	2005 年
全部子集团	0.16	0.16	0.16	0.16	0.16	0.16
发达 & 金砖	0.20	0.20	0.20	0.20	0.20	0.20
发达 & 发展中	0.20	0.20	0.20	0.20	0.20	0.20
金砖 & 发展中	0.18	0.18	0.19	0.19	0.19	0.19
中国 & 发达	0.24	0.22	0.19	0.18	0.21	0.22
中国 &G20	0.14	0.12	0.09	0.09	0.12	0.13
项目	2006 年	2007 年	2008 年	2009 年	2010 年	
全部子集团	0.16	0.16	0.16	0.16	0.16	
发达 & 金砖	0.20	0.19	0.20	0.20	0.20	
发达 & 发展中	0.20	0.19	0.20	0.20	0.20	
金砖 & 发展中	0.19	0.19	0.19	0.20	0.20	
中国 & 发达	0.23	0.25	0.25	0.25	0.25	
中国 &G20	0.14	0.16	0.15	0.14	0.15	

为了进一步直观体现出各集团间 α 收敛趋势与状态，将表 5.3 中的数据用曲线图表示，如图 5.4 所示。

由表 5.3 和图 5.4 结果可知：

（1）发达国家、金砖国家、其他发展中国家三个子集团的绝对 α 收敛出现了较强的波动性，并未出现显著的收敛或发散特征。结合第 4 章对各集团效率水平的讨论，可以推测出现该结果的原因很可能是：

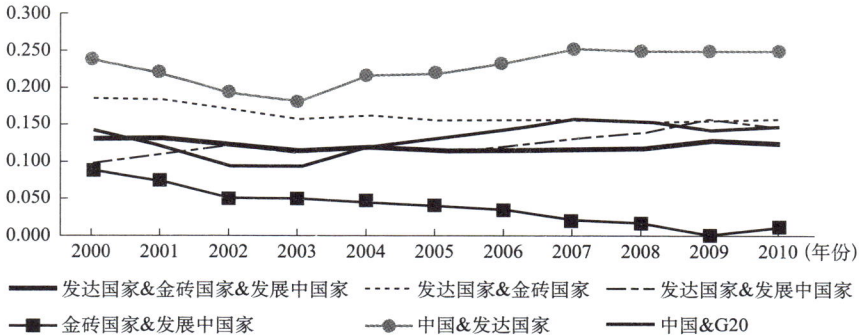

图 5.4　集团间 α 收敛检验结果

虽然金砖国家组在观测期内出现了向发达国家（高效率水平）以及发展中国家水平（中等效率水平）收敛的趋势，但发展中国家组与发达国家组之间的差距在部分年份是出现扩大的。因此，需要进一步利用绝对 β 收敛结果对组间的绝对收敛情况进行判断。

（2）发达国家组与金砖国家组之间的标准差出现了较为显著的下降，说明两组间的绝对差距是随着时间不断缩小的。该结果说明金砖国家通过不断地改善和提高效率，缩小与世界先进水平的效率差距。

（3）发达国家组与其他发展中国家组之间的标准差出现了微弱的发散现象，说明两组间的效率绝对差异是随着时间不断扩大的。该结果说明，发展中国家虽然在观测期内平均效率处于中等水平，但其效率出现了停滞和徘徊。该结果也说明在能源效率领域内，可能存在"中等效率陷阱"现象。

（4）金砖国家组与其他发展中国家组间的标准差同样出现了显著的收敛现象，说明金砖国家与发展中国家两组间效率的绝对差距是随着时间不断缩小的。也就是说，在观测期内，金砖国家实现了对发展中国家效率水平的赶超。

（5）中国与发达国家组的标准差出现了"收敛—发散—收敛"的现象。具体来说，在 2000~2002 年间中国的能源效率出现了明显的追赶态势，但自 2003 年起又逐渐拉大了与先进水平和世界平均水平的差距，但该发散趋势逐年减弱，并于 2008 年以后开始出现微弱的绝对收敛现象。

（6）中国与 G20 平均水平之间的标准差变动态势与"中国和发达国家"的走势基本相同，也出现了"收敛—发散—收敛"的变动。该结果也在一定程度上印证了第 4 章中对中国在观测期内的能源环境治理状态的讨论。为了进一步对中国效率追赶状态进行刻画，需要利用绝对 β 收敛检验进行识别。

5.4.3 绝对 β 收敛检验

为了进一步考察二十国集团以及子集团绝对收敛趋势，本书继续利用绝对 β 收敛模型对能源效率收敛状态和速度进行观察。目前 β 收敛检验主要有截面分析和面板分析两种方式。为了进一步提高研究的稳健性，本书选择面板分析方法构建环境约束下能源效率的绝对 β 收敛检验模型，具体公式如下：

$$\ln(eff_{i,t}/eff_{i,t-1}) = a + \beta \ln eff_{i,t-1} + \varepsilon_{it} \qquad (5.8)$$

其中，a 为常数，β 为收敛参数，ε 为随机误差项。i 表国家，t 表示时期。$\ln eff_{i,t}$ 表示 i 国第 t 时期环境能源效率的对数值。如果 β 小于 0，表示存在绝对 β 收敛，即后发国家增长速度快于先进国家，并最终实现对世界先进水平的追赶；反之，则表示出现发散现象，观察对象之间的差异趋于扩大，追赶效应不存在。

在此基础上，利用面板回归模型对二十国集团整体以及各子集团之间（发达国家、金砖国家、其他发展中国家）的绝对 β 收敛进行测度。考虑到面板回归的主要研究方法有固定效应、随机效应和混合回归模型三种可能。因此，分别利用 Hausman 检验、固定效应 F 统计量检验、随机效应 Breusch and Pagan LM 检验来比较三种模型对不同数据的适用性，进而有针对性地选择模型进行估计，具体结果如表 5.4 所示。

表 5.4   二十国集团及子集团绝对 β 收敛检验结果

项目	二十国集团	发达国家	金砖国家	其他发展中国家
β	−0.167	−0.053	−0.069	−0.068
	(0.034)***	(0.013)***	(0.019)**	(0.018)**
C	−0.042	−0.004	−0.019	−0.033
	(0.009)***	(0.002)	(0.011)	(0.007)***
Hausman 检验	0.000	0.007	0.087	0.267
F/LM 检验	0.000	0.121	0.180	1.000
模型选择	FE	Pooled OLS	Pooled OLS	Pooled OLS

注：*** $p \leqslant 0.01$；** $p \leqslant 0.05$。

由表 5.4 的回归结果可知，2000～2010 年间，二十国集团、发达国家、金砖国家和其他发展中国家群组的回归系数 β 均显著为负（$p < 0.05$），说明各组内都出现了显著的绝对 β 收敛现象，且以二十国集团整体和发达国家集团的显著性最强。相对于其他两个子集团，金砖国家的 β 收敛系数最大，为 −0.069，收敛幅度最显著。

由此可见，在观测期内低效率国家以更快的速度实现了对高效率国家的追赶，而且，该追赶效应不但在二十国集团整体中出现，在三个子集团中也同时出现了。究其原因可能在于：第一，先进国家绿色能源和低碳技术已经达到领先水平，"低悬的果实"早已被收获，实现更高的低碳技术进步自然进展较慢；第二，随着技术溢出和扩散效应，先进科学技术，尤其是能源效率技术和低碳技术的传播和扩散，被后发国家吸收、再利用，成为其能源效率不断上升的驱动力；第三，全球性碳排放治理带来的压力以及国内利益相关者形成的制度压力，对各行各业以及相关部门形成极大的节能减排驱动力；第四，后发地区通过自身的技术转型和结构优化，不断提高自身在保持经济增长前提下，最大限度节能、减排的能力，实现对世界先进水平的加速追赶。

因此，收敛假说在本研究是显著成立的。同时，本小节绝对 β 收敛的检验结果，也为上一节 α 收敛的检验分析提供了有力支持，并且实现了绝对 α 收敛与对 β 收敛的相互呼应。

在现有分析基础上，继续利用该公式，基于三个子集团（发达国家组、金砖国家组、其他发展中国家组）的年均效率值进行面板收敛检验，对二十国集团的三个子集团之间的收敛和追赶效应进行估计和分析，具体结果如表 5.5 所示。

表 5.5 集团间绝对 β 收敛检验结果

参数	发达国家 & 金砖国家 & 发展中国家	发达国家 & 金砖国家	发达国家 & 发展中国家	金砖国家 & 发展中国家	中国 & 发达国家	中国 & G20
β	−0.244 (0.119)**	−0.434 (0.131)***	0.013 (0.008)	−0.234 (0.076)***	−0.011 (0.033)	−0.320 (0.175)*
C	−0.353 (0.172)**	−0.562 (0.171)***	0.013 (0.008)	−0.414 (0.134)***	−0.002 (0.007)	0.365 (0.074)***
Hausman	0.041	0.001	0.439	1.000	0.075	0.000
F 或 LM 检验	0.010	0.005	1.000	1.000	1.000	0.000
模型选择	FE	FE	Pooled OLS	Pooled OLS	Pooled OLS	FE

注：*** $p \leqslant 0.01$；** $p \leqslant 0.05$；* $p \leqslant 0.10$。

由表 5.5 结果可知：整体上看，三个子集团之间出现了较为显著的绝对 β 收敛（$B = -0.244 < 0$；$p = 0.05$），说明存在组间追赶效应。

（1）发达国家组与金砖国家组之间绝对 β 收敛效果显著（$B = -0.434 < 0$；$p = 0.004 < 0.01$）。结合第 4 章中两组效率测算结果可知，观测期内金砖国家以更快的速度形成了对发达国家效率水平的追赶。

（2）发达国家组与其他发展中国家组之间绝对 β 收敛系数为正，但系数并不显著（$B = 0.013 > 0$；$p = 0.12 > 0.1$）。说明其他发展中国家与发达国家间不存在绝对收敛，其他发展中国家与发达国家的差距出现了不显著的扩大。

（3）金砖国家组与其他发展中国家组之间绝对 β 收敛效果显著（$B = -0.234 < 0$；$p = 0.006 < 0.01$），说明在观测期内，金砖国家与其他发展中国家差距不断缩小，金砖国家形成了对其他发展中国家水平的靠近。

（4）中国在观测期内在整体上实现了对世界先进水平的追赶（$B = -0.011 < 0$；$p = 0.741$），但该追赶效应并不显著。

（5）相较而言，中国在观测期内对 G20 平均水平的追赶效应相对明显（$B = -0.320 < 0$；$p = 0.084 < 0.1$）。

该组绝对 β 收敛检验一方面支持和验证了绝对 α 收敛的结论，另一方面清晰地提供了三类国家组间以及中国与发达国家和 G20 平均水平间的追赶或发散态势。由具体结果和讨论可知：金砖国家在 2000～2010 年间成功地摆脱了效率的"贫困陷阱"，达到了"中等效率水平"，并不断地接近"高效率阶段"；相对而言，其他发展中国家则普遍出现了效率增长的停滞与徘徊，虽然能勉强保持"中等效率水平"，但已经被后发集团（金砖国家）追赶，且与先进水平（发达国家）的差距逐渐扩大，整体表现不尽如人意。该结果的出现也在一定程度上支持了本书提出的"中等效率陷阱"猜想；中国在观测期内实现了对发达国家的追赶，但追赶效应并不显著；同时，中国也实现了对 G20 平均效率水平的追赶，且追赶效应比较显著。说明中国在不断地缩小与 G20 主要国家的效率差距。

5.4.4　条件 β 收敛检验

与绝对 β 收敛相同的稳定状态不同，条件 β 收敛中不同国家或地区具有各自的稳定水平，它承认了欠发达地区与发达地区的差距可能持续存在。遵循米勒和乌帕德雅（Miller & Upadhyay）的思路[132]，本书构建面板数据双向固定效应模型，对二十国集团及相应子集团的能源效率进行条件 β 收敛检验。具体的公式为：

$$\ln(eff_{i,t}/eff_{i,t-1}) = a + \beta \ln eff_{i,t-1} + year* + \varepsilon_{it} \qquad (5.9)$$

其中，a 为常数，β 为收敛参数，$year*$ 为时间虚拟变量，ε 为随机误差项。i 表国家，t 表示时期。$\ln eff_{i,t}$ 表示 i 国第 t 时期环境能源效率的对数值。如果 β 小于 0，表示存在条件 β 收敛，说明各经济体收敛于各自的稳态。

面板数据的双向固定效应模型能够在较大程度上避免解释变量遗漏和多重共线性的问题。它在常规的固定效应模型基础上，进一步对时间和截面效应进行了控制。在考虑差异性个体自身稳态水平的基础上，增加了对个体时变效应的考察。并且，该估计方法中，随机误差与自变量之间不相关的约束被放宽，因而对存在复杂影响机制的宏观经济中具有较好的适用性[133]。本书利用面板双向固定效应估计的条件 β 收敛检验结果如表 5.6 所示。

表 5.6 二十国集团及子集团条件 β 收敛检验结果

参数	二十国集团	发达国家	金砖国家	其他发展中国家
β	−0.135 *** (0.030)	−0.176 *** (0.060)	−0.104 * (0.051)	−0.192 ** (0.089)
cons	−0.035 *** (0.010)	−0.019 ** (0.009)	−0.039 ** (0.030)	−0.076 ** (0.030)
R^2	0.366	0.360	0.512	0.507
Prob > F	0.000	0.000	0.002	0.000

注：*** $p \leqslant 0.01$；** $p \leqslant 0.05$；* $p \leqslant 0.10$。

由表 5.6 回归结果可知，四个回归方程 F 检验的 Prob 值均在 1% 的水平上显著，说明模型本身的有效性。同时，各回归方程的收敛系数均为负，除金砖国家外，三个群组条件收敛系数的 p 值都在 5% 的水平上拒绝原假设。该结果说明条件 β 收敛在二十国集团、发达国家和其他发展中国家具有显著的存在性。

由此可见，不同经济体因各自的国情差异，而向各自的稳态进行收敛。因此国家间的效率差距仍有继续存在的可能。而这种差距不仅存在于二十国集团整体中，发达国家内部和发展中国家内部也在较高的概率水平上存在。相对而言，金砖国家的条件 β 收敛并不是严格显著的（p = 0.051）。

该结果说明，即便是在能源效率趋同普遍存在的前提下，由于各国发展基础和特征的差异性，使得国家间的能源效率绝对差距依然是存在的。换句话说，能源效率可以实现追赶，欠发达国家能够以更快的速度缩小与世界先进水平的差距。但是，国家间效率差距在短期内是不能完全消除的。

5.4.5 随机性收敛检验

随机收敛检验的方法包括单变量单位根和面板单位根检验两种方式。相对而言，在样本时间跨度较短的情况下，面板单位根检验比单变量单位根检验具有更高的功效（power）。基于此，埃文斯和克拉斯（Evans & Krass）提出以共同均值作为参照的检验，也就是基于面板数据的随机收敛检验框架[134]。

为了进一步考察二十国集团及其子集团的能源效率的收敛路径的特征，本书参考埃文斯和克拉斯所提出的随机收敛分析思路，构建随机性收敛模型如下：

对于有 N 个国家的观测组，若存在共同趋势 a_t 和参数 μ_1，μ_2，$\cdots$，μ_n 使得式（5.10）成立，则表明这个国家间存在随机趋同：

$$\lim_{k \to \infty} E_t(y_{i,t+k} - a_{i,t+k}) = \mu_i ,$$ (5.10)

$$i = 1,2,\cdots,N;\ t = 1,2,\cdots,T$$ (5.11)

其中，i 表示国家，t 代表年份，y_{it} 是第 i 国家效率水平的自然对数，a_t 是国家共同趋势。考虑到在时间跨度较短的情况下，单变量单位根检验功效较低，可能影响结果的稳健性。因此，对于 N 个国家，对式（5.11）进行平均，得到如下方程：

$$\lim_{k \to \infty} E_t(\bar{y}_{t+k} - a_{t+k}) = \frac{1}{N} \sum_{i=1}^{N} \mu_i$$ (5.12)

其中，$\bar{y}_t = \frac{1}{N} \sum_{i=1}^{N} y_{it}$。由于式（5.12）中 a_t 不可观测，通过式（5.12）–式（5.10）的方式进行剔除，得到：

$$\lim_{k \to \infty} E_t(y_{i,t+k} - \bar{y}_{t+k}) = \mu_i - \frac{1}{N} \sum_{j=1}^{N} \mu_j$$ (5.13)

其中，$\bar{y}_{t+k}$ 表示组内平均效率水平的自然对数。

由此，随机性收敛的检验问题可转换成面板数据（$y_{i,t+k} - \bar{y}_{t+k}$）是否服从平稳随机过程的问题。其基本含义是，如果能源效率（相对于平均效率而言）存在收敛，则被检验序列是平稳序列，即能源效率受到的外在冲击具有暂时性特性，且随时间减弱。也就是说，非平稳序列受到的冲击随时间持续存在，此时能源效率不存在收敛。换句话说，若效率的差异值（$y_{i,t+k} - \bar{y}_{t+k}$）服从平稳随机过程，则表明观察组中的所有国家的效率变动保持着一个相对稳定的趋势，整体上受外在冲击是暂时的，相对均衡性较强；若是该差异值存在单位根，则说明观察国家之间的效率变动不存在相对稳定性，受外在冲击和影响较大，难以保持相对均衡的变动态势。

本书采用目前应用较为广泛的面板单位根 Levin-Lin-Chu（LLC）、Augmented Dickey-Fuller（ADF）、Phillips & Perron（PP）检验技术，对二十国集团以及相应子集团能源效率进行随机性收敛分析。零假设为数据中所有的序列都存在单位根，备择假设为所有的序列都为平稳序列。考虑到涉及时间序列的单位根检验中对于系统滞后阶的选择比较敏感，因此依据施瓦茨信息准则（Schwarz Info Criterion，SIC）选取滞后阶数。相关分析结果如表 5.7 所示。

表 5.7　　　　　　　　随机收敛 LLC、ADF 和 PP 检验结果

组别	LLC		ADF		PP	
	统计量	P 值	统计量	P 值	统计量	P 值
二十国集团	-0.165	0.434	39.136	0.509	48.221	0.175
发达国家	-5.792	0.000	52.229	0.000	49.878	0.000
金砖国家	-3.848	0.000	31.212	0.001	37.110	0.000
其他发展中国家	-2.122	0.017	12.659	0.243	12.866	0.231

由表 5.7 的结果可知，二十国集团的 LLC、IPS 和 ADF 三项检验均未通过 5% 的显著水平，无法拒绝变量存在单位根的原假设，即表明二十国集团在整体上不存在共同的发展趋势，即出现了随机性发散。在外来冲击的情况下，二十国集团个体间的差距水平出现了显著的变化。该结果的出现说明在二十国集团内部，因各国所处的发展阶段和发展战略的不同，导致了收敛路径间的显著差异。这也从一定程度上支持了后文对各国进行分组回归的必要性与合理性。

对发达国家来说，LLC、IPS 和 ADF 三项检验均在 1% 的显著水平上拒绝了存在面板单位根的原假设，说明在发达国家组内存在随机趋同。也就是说发达国家之间存在相似的增长路径。

金砖国家检验中，LLC、IPS 和 ADF 三项检验均在 1% 的显著水平上拒绝了存在面板单位根的原假设，说明在金砖国家国家组内存在随机趋同。也就是说金砖国家之间存在相对稳定的变化趋势。

其他发展中国家检验中，随机收敛显著水平最低。虽然基于 LLC 单位根检验结果在 5% 的水平上通过检验，但基于 IPS 和 ADF 的检验均表示存在面板单位根。该结果说明发展中国家内部的能源效率增长趋同性相对较低。

5.5 本章小结

本章从效率收敛假说出发，鉴于目前对能源效率收敛的争论，重点考察二十国集团国家以及相应子集团的能源效率收敛及追赶效应的特征、分布及动态变化趋势。

首先是基于 GML 指数，利用第 4 章中效率测算的投入、产出变量和指标，对二十个国家 2000~2010 年间的效率增长水平进行了全面测度，形成对各国效率变动的认知。从分析结果来看，观测期内大部分国家实现了能源效率的改善和提高，其中以俄罗斯和韩国的效率提升最为显著，实现了对最优前沿的加速追赶。同时，印度尼西亚在发展中国家组中也以最快的增速成为追赶型国家的代表。

其次，根据传统收敛理论中的绝对收敛和条件收敛，以及收敛理论的新趋势——随机趋同方法，从不同的角度对二十国集团以及三个子集团的能源效率的散敛变化进行全面分析评价。主要研究结论如下：

（1）绝对 α 收敛检验。二十国集团、发达国家、金砖国家、其他发展中国家集团的标准差在观测期内均出现了下降的趋势；三个子集团（发达国家、金砖国家、其他发展中国家）的绝对 α 收敛出现了较强的波动性，并未出现显著的收敛或发散特征；发达国家和金砖国家之间出现显著的绝对收敛，说明金砖国家在不断通过效率改善和提高，不断缩小与 G20 先进水平的效率差距；其他发展中国家虽然在观测期内平均效率处于中等水平，但其效率出现了停滞和徘徊，逐渐拉大了与世界先进水平的差距；金砖国家与其他发展中国家组间的标准差同样出现了显著的收敛现象，说明金砖国家实现了对其他发展中国家效率水平的靠近；中国与发达国家以及 G20 平均水平的标准差出现了"收敛—发散—收敛"的现象。

（2）绝对 β 收敛检验。二十国集团、发达国家、金砖国家、其他发展中国家集团的绝对 β 收敛系数均显著为负，说明无论是在 G20 整体还是各子集团内部，绝对 β 收敛收敛假说成立。在观测期内，低效率国家以更快的增长速度实现了对高效率国家的追赶和赶超。从组间收敛来看，其结果也印证了绝对 α 收敛检验的结论，即，金砖国家实现了对发达国家的追赶，其他发展中国家则出现了与先进水平的差距扩大，中国出现了对先进水平的追赶但追赶效应不显著。相对而言，中国对 G20 平均水平的追赶效应比较突出。

（3）条件 β 收敛检验。二十国集团、发达国家、金砖国家、其他发展中国家集团的绝对 β 收敛系数均为负，说明无论是在二十国整体还是各子集团内部，条件 β 收敛收敛假说成立。也就是说，随着时间推移，各经济体因其发展初期国情差异，不断收敛于自身的稳态水平。该结论的现实意义在于：国家间能源效率差距是能够缩小的，但在短期内，国家间能源效率差距是不会彻底消失的。

（4）随机性收敛检验。在二十国集团中，全局性随机趋同并未出现，说明二十个国家间在整体上并未形成相对稳定的效率增长路径。相对而言，发达国家集团、金砖国家集团的"俱乐部"内部则出现了较为显著的俱乐部随机收敛特征，也就是说，这两个"俱乐部"内国家间效率差距随时间推移具有较为稳定的变化趋势，外部冲击对效率增长之间差异的影响不大；对其他发展中国家集团而言，其随机收敛现象不够显著。该结果的现实意义在于：在正常情况下（重大历史、政治事件或重大技术突破条件除外），国家之间，尤其是发展基础、战略、路径以及经济技术水平相近的国家之间效率变化具有相对的稳定性和均衡性。也就是说，国家层面能源效率的提高，是一个长期而缓慢的过程。

由此可见，尽管不同经济体的效率增长路径出现了差异性的特征，但从整体上看，低效率国家对高效率国家的追赶效应在二十国集团中是显著存在的，并且在不同层次上出现了"俱乐部"收敛的特征。因此可以认为，本书针对收敛检验提出的三个假设也都得到了支持——能源效率的追赶效应在 G20 中是显著存在的（H2.1）；金砖国家实现了对发达国家的加速追赶（H2.2）；中国也实现了对 G20 平均水平的追赶，但追赶效应并不十分显著（H2.3）。

由此而引发的思考是：什么样的宏观因素是影响国家效率提升和追赶的关键动因？以中国为代表的金砖国家如何实现对先进效率水平的追赶？发展中国家避免效率"恶化"的关注重点又有哪些方面？

因此，明确影响不同国家集团效率变动的具有普遍意义的关键因素，形成对不同集团，尤其是以中国为代表的金砖国家效率水平提升动因的识别，进一步提出"因地制宜"的政策建议就变得十分必要。

6 能源效率异质性提升研究

6.1 分析框架构建

根据第 4 章效率测算结果和第 5 章收敛检验的相关分析可以看到，不同国家之间的能源效率差距是显著存在的，且各集团内、集团间能源效率收敛的趋势和路径也不尽相同。但从整体上看，欠发达国家，尤其是金砖国家集团，对发达国家高效率水平的"追赶效应"是显著存在的。进一步识别能源效率变动的关键因素，尤其是同类影响因素对不同集团的差异性作用方式，能够有效地揭示不同集团效率变化的动因，并进一步提炼出后发地区追赶先进国家的关键路径。

在第 4 章能源效率评价、第 5 章能源效率增长的分析和实证检验，有针对性地对几个"标杆型国家"（包括美国、英国、法国和巴西）以及"追赶型国家"（俄罗斯、韩国和印度尼西亚）的相关资料和统计数据进行分析和整理。基于各国能源气候治理的实践经验总结发现，虽然因资源禀赋、经济阶段和发展战略的不同，不同国家对于能源效率提升的路径各有侧重，但总体而言，各国在能源结构调整、产业结构升级、贸易结构优化、绿色城市化建设、禀赋结构优化、相关制度建设、外商投资管理等方面，都是重点关注的方面（具体实践相关总结请参阅本书附录部分）。

在总结各国实践经验基础上，参阅重点文献中对宏观能源效率影响因素的讨论（详见 1.2 节"国内外研究进展"），根据结构优化理论和追赶理论的研究（详见第 2 章"理论基础"部分），本书着重从结构化的视角出发，对现有的追赶理论进行探讨。此外，制度性因素作为追赶效应的重要考量，也应该被纳入讨论范围。因此，综合考虑本研究的理论重点和相关数据可获性，从结构调整和制度优化两个维度形成对各国能源效率影响因素和作用方式的识别。并在此基础上，提炼后发国家追赶先进国家效率水平的关键和重点。其中，结构性因素主要从能源结构、产业结构、城乡结构、禀赋结构、经济交换结构五个层次来讨论；制度质量以政府效能和外资规模来体现，并同时检验"政府效率悖论"与"污染避难所"假说在二十国集团和各子集团中的存在性。

通过文献梳理，确定相关代理变量和指标来源，利用 2000～2010 年二十国集团的实证数据，分别对二十国集团、发达国家、金砖国家、其他发展中国家四组样本进行分组回归，并对中国的数据指标进行"中国情境"下的相关检验；进而识别出不同因素对各样本组的差异性作用方式，形成不同类型国家能源气候政策的"主攻方向"，有针对性地提出"适用性"的对策建议和调整重点，以促进低效率国家向高效率水平的靠拢和追赶（见图 6.1）。

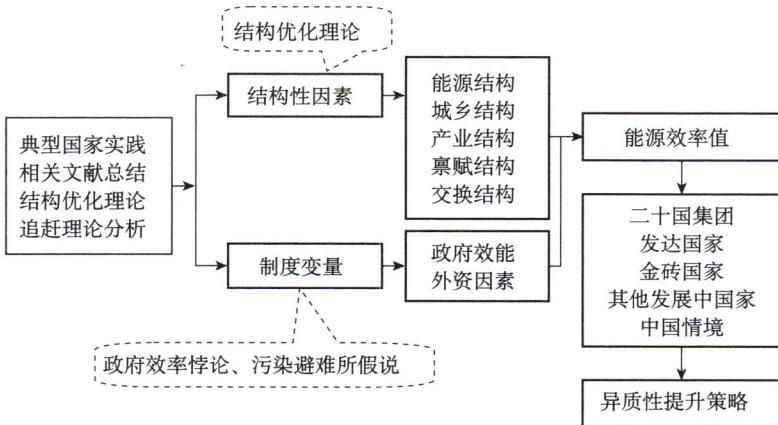

图 6.1　基于结构调整和制度优化的能源效率提升策略分析框架

6.2 估计方法比较

对能源效率影响因素相关研究中，涉及面板回归模型的解决方案包括面板固定效应模型、面板随机效应分析、面板混合最小二乘回归、系统 GMM（generalized method of moments）、差分 GMM 估计、分位数回归和随机 Tobit 技术。相对于其他几类估计方法，Tobit 模型因其在效率动因分析中的适用性，以及自身的灵活性得到了最为广泛的应用，并形成了目前较为成熟的 "DEA-Tobit" 两步法分析思路[108]。

本研究中，非期望 EBM 测算的能源效率值介于 0 ~ 1 之间，模型被解释变量数据出现截断现象，导致常规最小二乘 OLS 估计有偏。因此，需要通过截断因变量技术对模型进行估计。为了解决以上问题，詹姆斯·托宾（James Tobin）于 1958 年针对部分连续分布和部分离散分布的因变量提出 Tobit 模型，相关公式如下：

$$Y_i = \begin{cases} Y_i & Y_i > C \\ C & Y_i^* \leq C \end{cases} \tag{6.1}$$

$$Y_{it}^* = \beta^T X_{it} + u_{it} \tag{6.2}$$

其中，i 为观测样本，t 为时间跨度，Y_{it}^* 为潜变量，X_{it} 为解释变量，β^T 是未知参数向量，$u_{i,t} : N(0, \sigma^2)$。可以证明，$\hat{\beta}^T$ 和 $\hat{\sigma}^T$ 在极大似然法的估计下能够得到一致估计[135]。因此，本书采用随机效应 Tobit 模型进行计量分析。

6.3 指标数据来源

6.3.1 变量及数据来源

（1）能源效率。

本章回归模型的因变量来自于第 4 章中二十国集团 2000 ~ 2010 年

非期望 EBM 能源效率值。效率得分范围在 0 ~ 1 之间，为了便于回归系数的观察，对各国效率得分扩大 100 倍处理，相应表达式为 eff_{it}，其中 i 表示国家，t 为年份。

若 eff_{it} 提高，说明一国能源效率水平得到了改善和提升。

（2）能源结构。

目前对能源结构的讨论主要集中在化石能源和清洁能源占终端能源消费的比重。考虑到气候变化中二氧化碳的来源，本书重点关注化石能源消费对能源效率的影响，并选取化石能源消费总量占一次能源消费总量的比重来体现各国能源结构的演化。

相应表达式为 $fossil_{it}$，i 表示国家，t 为年份，单位为百分比。若 $fossil_{it}$ 变大，则说明国家 i 在第 t 年的化石能源消费比例上升，能源消费结构的低碳化水平出现下降和恶化。其中，能源消费总量以及化石能源（煤炭、石油、天然气）消费的原始数据来源于世界银行数据库，单位为百万吨标准油。

（3）产业结构。

由于分析重点的差异，对产业结构的代理变量所选取指标也不尽相同。目前常用的指标包括"第三产业增加值占 GDP 比重""第二产业增加值占 GDP 比重"以及"第三产业和第二产业增加值比例"等。

依据产业结构演进理论，产业结构变动主要表现为第二、第三产业间的此消彼长。因此，本书利用第三产业与第二产业增加值占 GDP 的比例体现各国产业结构高级化水平，相应表达式为 $indus_{it}$。其中，i 表示国家，t 为年份。若 $indus_{it}$ 提高，则表明一国产业结构高级化水平的提高。第二产业、第三产业增加值占 GDP 比例原始数据来源于世界银行数据库，单位为百分比。

（4）城乡结构。

城市化水平对能源利用水平的影响不可忽视。参考相关研究，利用二十国集团各国城市人口占总人口比重来表示，相应表达式为 $urban_{it}$，i 表示国家，t 为年份，单位为百分比。若 $urban_{it}$ 增加，则表明一国城市化水平的提升。

城市人口以及国家总人口的原始数据来源于世界银行数据库，单位为人。

（5）禀赋结构。

禀赋结构通常以人均资本占有水平来体现，常用以反映经济的重型化程度。本书以一国资本存量与劳动力的比例反映禀赋结构。其中，资本存量以永续盘存法进行计算，劳动力数量也由各国各年就业人数指代，相关原始数据来源于世界银行数据库。

各国禀赋结构以 $endow_{it}$ 指代，其中 i 表示国家，t 为年份，单位为千国际元/人。禀赋结构体现的是经济生产中资本深化水平和程度，若"资本—劳动"比上升，说明该国家经济正从劳动密集型向资本密集型转化。

（6）交换结构。

经济结构失衡一般表现为外部失衡和内部失衡。外部失衡主要体现在交换结构，也就是贸易顺差占 GDP 比例过高，内部失衡则表现为居民消费比例过低[136]。事实上，外部失衡也是内部失衡的一种体现和反映。此外，国际贸易水平和规模对一国能源效率的影响十分重要。无论是从经济增长还是从能源强度考虑，贸易净出口是以中国为代表的出口大国制定能源政策需要考虑的一个重要问题[137]。

因此，本书以贸易顺差占 GDP 比例作为经济交换结构的代理变量，并以 $trade_{it}$ 指代。其中，i 表示国家，t 为年份。若 $trade_{it}$ 上升则说明一国贸易顺差比重提高。原始数据中，进口、出口商品总额占 GDP 比例原始数据来源于世界银行数据库，单位为百分比。

（7）政府效能。

政府效率指标来自世界银行的世界治理指标（world governance index，WGI）中对政府效能（government effectiveness）的评价标准。世界银行自 1996 年起对世界主要国家的政府治理水平和能力进行定量化评估，其研究成果在相关研究中具有较高的认可度[138]。该指标用来测量政府公共服务，政策制定及执行水平，职业文官工作与独立于政治压力的能力，以及政府兑现政策的可信度等。本书以 $gov_{i,t}$ 指代政府效能，i 表示国家，t 为年份，$gov_{i,t}$ 得分范围在 $-2.5 \sim 2.5$ 之间。$gov_{i,t}$ 指数越大，说明一国政府管理能力和政策有效性越高。政府效率的原始数据来源于世界治理体系数据库（WGI database）。

（8）外商投资。

制度的量化表达一直是个难点，参考樊纲[139]以及郑若谷[140]的研究，本书以各国外资水平作为制度的另一个重要代理变量。较高的外商直接投资（foreign direct investment，FDI）反映较完善的市场环境，从而在一定程度上说明要素市场的发育程度较高。但值得注意的是，为了吸引 FDI 和促进经济增长，政府之间存在以"环境竞次"（racing to the bottom）为特征的破坏性竞争行为。尤其是欠发达国家和发展中国家的 FDI，因其环境规制水平相对较低，也容易导致 FDI 的不合理利用，成为发达国家资本的"污染避难所"。相应的，外资变量的影响也可以同时验证"污染避难所"和"污染光环"假说——若 FDI 规模扩大显著刺激了东道国的能源效率恶化，则说明出现了"污染避难所"现象，相关假说成立；若两者之间出现了显著的正相关关系，则证实了"污染光环"假说的成立性。

因此，本研究选择各国 2000 ~ 2010 年 FDI 占 GDP 比重来体现外商直接投资规模，模型中以 fdi_{it} 来指代，i 表示国家，t 为年份。若 fdi_{it} 提高，说明一国外资净流入规模扩大；反之则表示缩小。原始数据来源于世界银行数据库，单位为%。

6.3.2　数据分布及检验

为了提高模型的可靠性以及相关结论的稳健性，本节对样本指标数据进行分布统计和相关数列检验。

（1）统计分布。

根据 6.3.1 节关于变量选取以及数据来源的确定，对能源效率影响因素估计模型中变量进行相应的统计分布，实现对样本数据的概括了解。具体结果如表 6.1 所示。

表 6.1 **样本数据统计分布**

变量	单位	均值	标准差	最小值	最大值
eff	—	78.74973	15.104	33.220	100.000
fossil	%	81.318	12.393	49.849	99.998
urban	%	72.120	15.921	27.667	92.349
indus	—	2.152	0.811	0.463	4.197
endow	千国际元/人	79.356	38.078	10.867	157.885
trade	%	2.115	6.391	−5.991	32.147
fdi	%	2.368	2.130	−3.619	10.789
gov	—	0.716	0.829	−0.765	2.039
样本	\multicolumn{5}{c}{$N = 220$；$n = 20$；$T = 11$}				

注：N 为样本总量；n 为观测个体数；T 为观测时期数。

表 6.1 提供了本章节自变量和因变量原始数据的基本统计分布，包括均值、标准差、最小值、最大值、单位以及样本的整体特征。此外，面板回归分析中，为避免伪回归，提高模型的可信度和分析结果的稳健性，要求各序列保持同阶单整，且变量之间应具有长期协整的关系。因此，在进行面板分析之前，对能源效率以及各项影响因素变量，进行相应的序列平稳性检验和面板协整关系检验。

（2）平稳性检验。

目前单位根检验的主要方法包括 LLC、IPS、ADF、PP、Breitung 法和 Hadri 检验等。综合考虑便利性和代表性，本书采用两种重要的面板数据单位根检验方法，即相同根单位根检验 LLC 检验和不同根单位根检验 ADF 检验。具体结果如表 6.2 所示。

表 6.2 **变量 LLC 和 ADF 单位根检验**

变量	LLC		ADF	
	statitics	P-value	statitics	P-value
eff	−9.125	0.000	151.079	0.000
D. eff	−5.870	0.000	61.218	0.017
fossil	1.221	0.889	40.754	0.437
D. fossil	−2.710	0.003	72.611	0.001
urban	0.784	0.784	24.411	0.975
D. urban	−5.522	0.000	61.269	0.017

变量	LLC		ADF	
	statitics	P-value	statitics	P-value
indusup	− 6. 135	0. 000	54. 919	0. 058
D. indus	− 5. 011	0. 000	98. 909	0. 000
endow	0. 454	0. 675	24. 271	0. 976
D. endow	− 5. 322	0. 000	61. 527	0. 016
trade	− 8. 762	0. 000	95. 811	0. 000
D. trade	− 5. 322	0. 000	61. 527	0. 016
gov	− 9. 397	0. 000	80. 780	0. 000
D. gov	− 19. 320	0. 000	166. 692	0. 000
fdi	− 24. 5166	0. 000	318. 430	0. 000
D. fdi	− 40. 9671	0. 000	411. 644	0. 000

表 6.2 中"D"表示一阶差分。由表 6.2 中结果可知，所有变量序列的一阶差分项，均在 1% 或者 5% 的显著水平上通过了 LLC 和 ADF 检验。该检验结果表明，无论是相同单位根还是不同单位根检验约束下，各变量均在较高的显著水平上拒绝了存在单位根的原假设，也证明了所选指标在观测期内的平稳性。因此，保证了下一步面板协整分析的可靠性，以及 6.4 节回归结果的有效性和稳健性。

（3）面板协整检验。

协整分析体现的是变量之间长期趋势的均衡关系。通过协整关系的检验，避免出现可能存在的"伪回归"现象。面板协整理论的开展比较晚，属于协整分析中的前沿和热点。目前的检验方法主要包括 Johansen 检验和 Kao 协整分析。根据古铁雷斯（Gutierrez）的理论分析，当 T 较小（例如 $T = 10$）时，随着 N 的增加，Kao 检验的功效高于 Pedroni 的检验。同时，依据参考文献[141]的分析思路，采用 Kao 面板协整检验方法对本研究各序列进行协整分析。其中，最佳滞后阶数按照施瓦茨信息准则（SIC）来确定。具体的检验结果如表 6.3 所示。

表 6.3　　　　　　　　　　面板协整 Kao 检验

变量	t-Statistic	Prob.
ADF	− 10. 505	0. 000
Residual variance	6. 51E-05	
HAC variance	7. 25E-06	

由表 6.3 结果可知，面板协整 Kao 检验结果中 p = 0.000≪0.01，在 1% 的显著性水平上拒绝了原假设，即认为各变量之间存在长期协整的关系，因而适合进行下一步的面板回归分析。

6.4 实证检验分析

6.4.1 面板回归与分析

根据前述分析框架和相关变量的选取，构建本书能源效率动因及追赶分析的随机面板 Tobit 回归模型：

$$eff_{i,t}^* = a + \beta_1 fossil_{it} + \beta_2 indus_{it} + \beta_3 urban_{it} + \beta_4 trade_{it}$$
$$+ \beta_5 endow_{it} + \beta_6 fdi_{it} + \beta_7 gov_{it} + year^* + \varepsilon_{it} \qquad (6.3)$$

$$eff_{it} = \max(0, eff_{it}^*) \qquad (6.4)$$

其中，i 和 t 分别表示国家和年份的对应值；eff_{it}^* 为潜变量，eff_{it} 为 t 年第 i 国的能源效率；$fossil$，$indus$，$urban$，$trade$，$endow$，fdi 和 gov，分别表示化石能源消费比例（能源结构）、第三产业与第二产业增加值比例（产业结构）、城市化率（城乡结构）、出口顺差占 GDP 比例（交换结构）、人均资本占有额（禀赋结构）、外商投资（"污染避难所"假说）和政府效能（"政府效率悖论"的验证）；$year^*$ 为年度虚拟变量，以反映地理区位特征、政策环境变化、气候差异等不可观测因素，解决遗漏变量问题；ε_{it} 为随机误差项。

为了便于系数观察和讨论，将 EBM 下的能源效率值放大 100 倍。因此，面板 Tobit 的上下界限变更为 0 ~ 100。基于该模型，对二十国集团整体、发达国家、金砖国家、其他发展中国家分别进行随机面板 Tobit 回归分析，具体结果见表 6.4。

表 6. 4 面板 Tobit 分组回归结果

变量	二十国集团	发达国家	金砖国家	其他发展中国家
fossil	− 0. 495	− 0. 113	− 0. 217	− 0. 020
	(0. 127) ***	(0. 121)	(0. 121) *	(0. 350)
indus	5. 393	0. 722	− 1. 077	7. 142
	(1. 595) ***	(1. 950)	(1. 639)	(1. 718) ***
urban	− 0. 175	− 0. 066	0. 535	− 0. 033
	(0. 149)	(0. 179)	(0. 088) ***	(0. 194)
endow	0. 137	0. 337	− 0. 842	− 0. 244
	(0. 050) ***	(0. 039) ***	(0. 200) ***	(0. 117) **
trade	− 0. 083	0. 364	− 0. 698	− 0. 124
	(0. 099)	(0. 146) **	(0. 215) ***	(0. 087)
gov	5. 658	5. 615	7. 388	− 7. 115
	(1. 564) ***	(1. 121) ***	(2. 206) ***	(4. 081) *
fdi	0. 358	− 0. 085	0. 454	1. 009
	(0. 160) **	(0. 116)	(0. 395)	(0. 242) ***
cons	105. 651	60. 768	78. 384	80. 416
	(12. 414) ***	(15. 707) ***	(8. 458) ***	(15. 939) ***
year *	0. 000	0. 000	0. 000	0. 000
LR	321. 80182	166. 396	118. 539	123. 352
Prob.	0. 000	0. 000	0. 000	0. 000
Obs.	220	110	55	55

注：*** $p \leqslant 0. 01$；** $p \leqslant 0. 05$；* $p \leqslant 0. 10$。

表 6. 4 提供了二十国集团、发达国家、金砖国家和其他发展中国家的面板 Tobit 回归结果，以及变量和模型的相关检验结果。由表 6. 4 中各方程的最大似然比检验结果及相关的 Prob. 值可知，四个回归模型具有较高的有效性；各模型时间虚拟变量的 Prob. 值均在 1% 的显著水平上拒绝原假设，体现了引入虚拟变量的合理性。说明控制不同年份的相关政策、价格变化和气候差异等无法观测的宏观波动因素是必要的。

由表 6. 4 中回归系数及其显著性可知：

（1）对 G20 整体而言，产业结构升级、资本深化、政府效能和外资规模的提高对二十国集团能源效率的改善起到了积极作用。而化石能源消费、出口顺差规模、城市化进程对能源效率的提高起到了不同程度的抑制作用。具体来说，政府效能的提升对效率优化改善作用幅度最大，且其积极影响十分显著（B = 5. 658；p = 0. 000 < 0. 01）；产

业结构升级对二十国能源效率提升影响为正，影响程度大，显著性高（$B = 5.393$；$p = 0.001 < 0.01$）；资本深化对效率优化产生的积极作用也十分突出（$B = 0.137$；$p = 0.007 < 0.01$），说明 G20 国家在从劳动密集型向资本密集型经济转型过程中，技术进步的积极作用得到发挥；化石能源消费比重的提高对效率优化具有显著的抑制作用（$B = -0.495$；$p = 0.001 < 0.01$），该结果也说明能源消费结构的调整和优化对效率水平提高的普遍性意义；FDI 规模的扩大也较为显著地促进了能效水平的改善（$B = 0.358$；$p = 0.026 < 0.05$）；同时，贸易顺差的扩大（$B = -0.083$；$p = 0.402$）和城市化水平（$B = -0.175$；$p = 0.241$）的提高，则在一定程度上抑制了能效的改善，但该阻碍效应均不显著。

（2）对发达国家而言，产业结构升级、贸易顺差、资本深化、政府效能均在不同程度上对能源效率优化起到积极作用，而化石能源消费、城市化水平提高以及 FDI 规模扩大则影响了能源效率的改善。具体来说，产业结构高级化对发达国家能源效率提高起到了积极作用，但作用程度并不显著（$B = 0.722$；$p = 0.711$）；贸易顺差规模的扩大对能源效率的改善具有显著的提升作用（$B = 0.346$；$p = 0.012 < 0.05$）；发达国家的资本深化过程对能源效率起到了显著的促进作用（$B = 0.337$；$p = 0.000 < 0.01$）；政府效能推动了发达国家能源效率的提高，且作用十分显著（$B = 5.615$；$p = 0.000 < 0.01$）；化石能源消费比重的扩大抑制了能源效率的改善，但该负向作用并不突出（$B = -0.113$；$p = 0.349$）；城市化水平的提高（$B = -0.066$）和 FDI 规模扩大（$B = -0.085$）同样对效率改善起到了微弱的阻碍和抑制作用（p 值分别为 0.713 和 0.465）。由此可见，发达国家能源效率改善的关键在于对外贸易尤其是出口规模的扩大、资本深化进程的加速以及政府效能的提高。

（3）对金砖国家而言，城市化进程、FDI 以及政府效能均对能源效率提高起到推动和促进作用，而化石能源消费、产业高级化、贸易顺差、资本深化均在不同程度上抑制了效率的提升。具体来说，城市化水平的提高在1%的显著水平上（$B = 0.535$；$p = 0.000$）促进了金砖国家能源效率的提高和向先进效率水平的追赶；政府效能的优化同样在1%的显著水平上（$B = 7.388$；$p = 0.001 < 0.01$）推动了效率的改善，形成了金砖国家能源效率追赶的重要动力；化石能源消费比例的增加对能源效率优化起到了比较显著的抑制作用（$B = -0.217$；$p = 0.070 < 0.1$）；FDI规模的扩大与金砖国家能源效率间为不显著的正相关关系（$B = 0.454$；$p = 0.251$），说明"污染避难所"假说在金砖国家中并不存在；产业结构高级化进程在一定程度上阻碍效率水平的提高（$B = -1.077$；$p = 0.076 < 0.1$）；相比较能源结构和产业结构，贸易顺差（$B = -0.698$）和资本深化（$B = -0.842$），均在较高的显著水平上刺激了金砖国家能源效率的恶化与退步（p值均为0.000），是金砖国家需要重点调节的领域。由此可见，金砖国家促进能源效率提升、实现对最优效率前沿追赶的关键在于城市化水平的提高、政府效能的优化，通过降低出口顺差和贸易结构调整，以及重新部署资本深化过程中的投资方向，可以改善能源效率。此外，能源结构的清洁化、低碳化和高质化也是金砖国家需要重点关注的对象。

（4）对其他发展中国家而言，产业结构升级、外商直接投资提高均对能源效率改善具有促进作用，而化石能源消费、贸易顺差、城市化率、资本深化和政府效能则在不同程度上刺激了效率的恶化与退步。具体来说，产业结构高级化进程的加速，在1%的显著水平上推动了能源效率的全面提高（$B = 7.142$；$p = 0.000 < 0.01$）；外商直接投资规模的扩大也显著地提高了发展中国家能源效率（$B = 1.009$；$p = 0.000 < 0.01$）；化石能源消费（$B = -0.020$）、城市化率的提高（$B = -0.033$）以及对外贸易中出口顺差的扩大（$B = -0.124$）都在一定程度上刺激了能源效率的恶化，但这几项的作用程度十分有限（Prob.值分别为0.479，0.867和0.155）；相对而言，禀赋结构的调整则显著地刺激了发展中国家能源效率的恶化（$B = -0.244$；$p = 0.037 <$

0.05），说明其资本深化过程中技术结构失衡以及产业选择不合理现象较为突出；政府效能的提高对能源利用及环境保护起到了不显著的抑制作用（$B = -7.115$；$p = 0.081 < 0.1$），说明"政府效率悖论"在发展中国家出现了一定的"征兆"。由此可见，发展中国家应积极通过产业结构高级化以及扩大 FDI 规模来避免能源效率的恶化。同时，也要高度关注资本深化过程中对投资方向和技术结构的把握与调整。

此外，为了进一步观察观测期内相关指标和变量对中国能源效率的作用方向与影响程度，本研究提取中国的年度数据，对"中国情境下"的效率提升和追赶动因进行观察。具体 Tobit 回归结果如表 6.5 所示。

表 6.5　　　　　　　　　　中国能源效率影响因素回归结果

变量	系数	标准误差	T 值	95% 置信区间	
fossil	- 1.820	1.492	- 1.220	- 5.964	2.324
indus	- 20.283	43.680	- 0.460	- 141.559	100.993
urban	6.348 **	2.259	2.810	0.075	12.621
endow	- 2.590 **	0.653	- 3.970	- 4.402	- 0.777
trade	- 2.080 *	0.761	- 2.730	- 4.194	0.033
gov	3.448	13.732	0.250	- 34.679	41.575
fdiin	1.803	1.297	1.390	- 1.798	5.403
_cons	48.710	91.166	0.530	- 204.408	301.829
Log Likelihood	32.321		Prob.	0.002	

注：*** $p \leq 0.01$；** $p \leq 0.05$；* $p \leq 0.10$。

由表 6.5 回归系数结果来看，虽然估计系数大小和显著水平略有差异，但各影响因素对中国的作用方向与在金砖国家中的作用方向保持了高度的一致性。该回归结果的出现，一方面体现出中国对金砖国家的代表性和影响力；另一方面，也反映出金砖国家在能源经济发展中的内在统一性，以及在能源气候治理上的共性和趋同性。

从回归结果可见，化石能源消费比重提高、产业结构升级、出口顺差扩大、禀赋结构加深均在不同程度上抑制了中国能源效率的改善，而城市化率的提高、政府效能优化和外资规模扩大则有效地促进了效率的提高和追赶。具体来说，化石能源消费比例提高 1 个百分点，中国能源效率将会下降 1.82%；换句话说，通过化石能源消费的减少以促进能源结构优化，有利于中国效率水平的改善（p = 0.290）。产业结构高级化并未能体现出对能效综合利用的改善，而是出现了抑制作用（$B = -20.283$），但这种影响并不显著（p = 0.667）。相较而言，交换结构中贸易顺差规模的扩大则在较大程度上刺激了中国能源效率的恶化与退步（p = 0.052 < 0.1）；这种经济的外部性失衡每增加 1 个百分点，就带来能效水平 2.08% 的下降。城市化水平的提高对能效改善效果较为突出，城市化率增加 1 个百分点，相应能源效率提高 6.35%，且该正向作用的影响显著（p = 0.048 < 0.05）。禀赋结构的提高对能效改善起到了较强的抑制作用；从回归系数来看，劳动力人均资本占有每增加一千国际元，相应会引起能源效率下降 2.59%，并且该阻碍作用在统计上也十分显著（p = 0.017 < 0.05）。政府能效的提高（$B = 3.448$）和 FDI 规模扩大（1.803）对中国能效提升起到了积极的促进作用，但其显著水平十分有限（Prob. 值分别为 0.841 和 0.237）。

直观地从回归结果来看，中国应通过降低化石能源消费比重、缩小出口顺差规模、提高城市化水平、扩大 FDI 规模以及加强政府效能建设等路径，提高能源效率，实现对能效最优前沿以及世界先进水平的追赶。其中，城市化水平的提高、资本深化过程中对资本流向以及进出口贸易结构的调整，则为实现效率全面改善的关键。

6.4.2　实证结果与讨论

根据 6.4.1 节二十国集团、三个子集团以及中国的回归分析结果，进一步对能源效率动因的作用方向和机理进行了深入探讨。在此基础上，明确各要素在不同群体中的差异性功效。尤其是，针对以中国为代表的金砖国家能源效率关键动因分析，识别出低效率国家实现对高效率水平追赶的结构调整方向与制度优化重点。

（1）能源结构。

根据 6.4.1 回归分析结果可以看出，化石能源消费比重的提高在整体上抑制了各国能源效率的改善，但其改善作用的显著性不同。针对金砖国家的能源结构调整，其改善效果最为突出，但在发达国家组和其他发展中国家组中则相对较弱。该回归结果从作用方向上看，与本研究所提出的假设基本相符。能源结构对能源效率的作用机制如图6.2 所示。

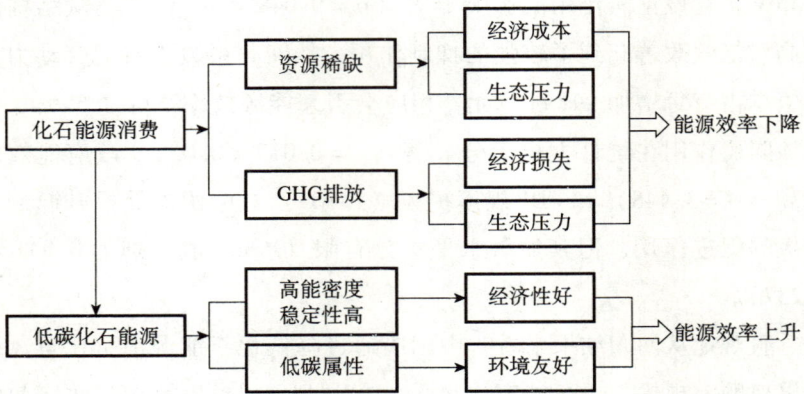

图 6.2　能源结构对能源效率作用机制

以煤炭、石油、天然气为代表的化石能源的大规模开发与利用，加速了不可再生资源的耗竭速度，提高了资源的稀缺性。一方面直接导致和加剧了国际间以石油争夺为代表的资源竞争和价格波动，极大提高了"能源—经济"系统的不稳定性；另一方面，化石能源因其不可再生的属性，其开发和使用也极大地威胁到了人类自身的可持续发展；更重要的是，化石能源的开发利用过程中，带来以二氧化碳为主的大量的温室气体排放，直接导致了全球性的气候变化。而被称为"邪恶问题（wicked problem）"的气候变化，给各个国家和地区带来难以全面估计和不可精确预测的经济损失和环境代价。因此，从这个角度来分析，化石能源比例的提高，将会导致各国能源效率的损失与恶化。

但从更深层次的角度来看，化石能源消费仍存在自身的"内部结构"，即煤炭、石油、天然气三者的比例关系。从人类发展的历史来看，大致经历了三个主要的能源开发利用阶段，分别被称为"薪柴时代""煤炭时代"和"石油时代"。有研究显示，未来几十年内，随着石油生产顶峰期的到来以及燃气资源的大规模开采利用，人类对能源的开发利用将逐步转入天然气时代[142]。

虽然都是化石能源，但相对来说，煤炭属于"低质量"能源，热值和热效率普遍偏低，同时排放污染重；石油的热值和热效率高于煤炭，且排放污染相对较轻；相对而言，天然气的热值和热效率不但高于煤炭，而且高于石油。更重要的是，天然气是一种相对清洁和低碳的化石能源，其燃烧均匀、有害成分少，相对于煤炭和石油来讲对环境和大气的污染较小。在此背景下，天然气的开发和应用已经成为21世纪能源结构调整的一个重要方向。尤其是2000年以来，页岩气（天然气的一种）的大规模勘探、开发、利用，引起了世界的广泛关注。美国也正在充分利用其国内丰富的页岩气资源，积极开展"页岩气革命"以实现"能源独立"——在满足自身经济增长的能源需求前提下，同时降低二氧化碳排放，实现排放控制。

不仅如此，以天然气为代表的"低碳化石能源"消费，不单对以煤炭为代表的"低端化石能源消费"具有比较优势，在特定的发展阶段中，对可再生能源，尤其是"新可再生能源"的开发利用也具有较强的比较优势。一方面，在观测期内，除水电及核电以外，风电和太阳能开发利用技术处于成熟过程中，其他新能源利用还处于起步阶段，技术成熟度有限、大规模开发利用水平不高；另一方面，若从全生命周期的视角分析，新能源和清洁能源的碳足迹不仅要考虑其应用中的碳排放，还应将其勘探、开采、加工及后续废弃物处理阶段所产生的碳排放问题纳入环境影响评价范围。以核电发展为例，在大规模核电基础设施建设的过程中，新建电站自身所需要的大量能源消费，完全有可能抵消核电的减排效果，甚至形成更多排放。此外，电厂运行过程中的其他问题，包括热污染、核废料处理以及潜在安全风险和损害的长期性等问题，可能导致核电开发利用的损失最终超出收益[143]。

以上新能源开发的弊端和"瓶颈"，以及传统能源清洁利用技术和手段的成熟，在很大的程度上解释了目前全球范围内的"化石能源消费增加与能源效率提高并存的"的悖论。从长期来看，尽管可再生能源的大规模开发利用符合世界各国长期利益、能有效增进人民福祉；但在特定的历史发展阶段，传统能源的清洁化利用、高级化配置对能源效率的改善同样起到了不可忽视的积极作用。

从本研究的国家构成来看，根据美国能源情报署 EIA 的统计数据，以沙特阿拉伯和阿根廷为代表的其他发展中国家组，观测期内的天然气消费比例在各集团中最高，年均消费比例约为33%；而以美国为代表的发达国家的化石能源消费仍以石油为主（观测期内年均消费比例在40%以上），天然气次之（约为23%）；而在金砖国家中，除巴西和俄罗斯外，中国、南非、印度的煤炭消费比例高达50%～70%，天然气消费比例的年均值仅在14%左右。

由此可见，金砖国家、发达国家和发展中国家组在能源消费结构上分别体现出了"煤炭时代""石油时代"和"天然气时代"的发展特征，也因此形成了对能源结构调整的差异性"反应"。对中国而言，其能源消费结构体现出两大特征——化石能源消费（煤炭、石油、天然气年均消费比例约为85%）和煤炭能源消费（年均比例接近70%）比重过高，因此对综合能效的改善起到了比较显著的抑制作用。当然，随着近年来国家对煤炭行业的严格治理，以及对新能源技术开发和产品应用的大力扶持，也在一定程度上降低了能源结构不合理对效率改善形成的负面作用。

（2）产业结构。

产业结构高级化是产业结构重心从第一产业逐次向第二、三产业转移的过程，标志着国家或者地区在一定时间内经济发展水平所处的阶段和变动方向，也同样是世界经济发展的"主旋律"。产业结构升级是产业结构高级化的重要体现（见图6.3）。

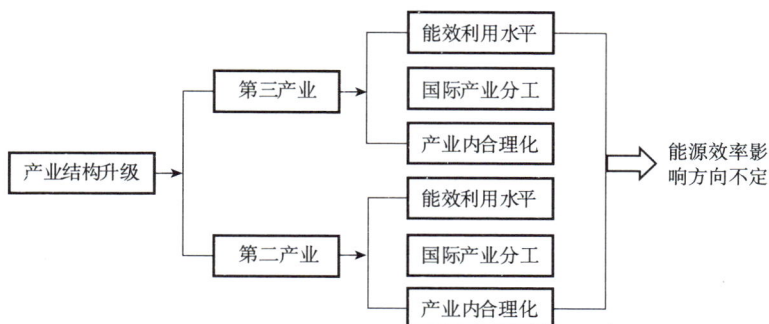

图 6.3　产业升级对能源效率作用机制

第三产业规模的扩大和第二产业规模的缩小，通常会降低工业生产带来的大量能源消费与温室气体排放，同时也会通过服务业水平的提升，促进知识经济和低碳经济的发展壮大，有效地推动资源节约和环境友好型社会的建设，提高能源环境综合利用水平。从发达国家经济发展的历史经验来看，产业结构的优化和调整是有利于能源资源的节约和经济的可持续发展的。但考虑到部门特性，尤其是对能源利用方式和程度的不同，结构性变动的效果也会具有较大的差异。目前大部分的研究结果显示，产业间和产业内的结构调整都在不同程度上对能源效率的提高起到正向作用，但其影响程度在经济发展的不同阶段并不一致[144]-[145]。部分基于中国的研究表明，在经济快速发展的阶段，产业结构变动在一定程度上对中国能源效率改善起到了阻碍作用[146]。

从回归结果上看，产业结构高级化进程确实对二十国集团整体、发达国家集团和其他发展中国家集团产生了不同程度的促进作用，但对以中国为代表的金砖国家产生了反向作用，这一点与预期假设有所出入，但也存在合理的解释。第一，产业结构调整在工业化不同阶段以及不同经济发展模式下，可能会产生差异化的效果；第二，产业结构升级对一国能效影响同样取决于该国家所处的国家产业链位置；第三，产业结构的合理化是其高级化的基础，合理化体现的是资源是否在不同的部门之间实现了优化的配置并实现更好的收益。若产业结构的高度化不能够依托合理化，容易形成所谓的"虚高度化"现象。换句话说，单纯的"高级化"（第三产业与第二产业比重的提高），并不能在所有情况下保证能源效率水平的改善和优化。产业内部结构的合理化和高级化，也同样起到了不可忽视的作用。

对发达国家而言，产业升级对其能源效率提高具有正向促进作用，但作用程度并不显著。这可能是因为从 20 世纪 80 年代开始，发达国家的工业化程度超过其转折点。在此之后，一国的工业化程度越高则将越有利于其生产效率的提高[147]。同时，发达国家第二产业比重虽然很低，但其工业和制造业的精细化水平、科技性含量、资源集约利用程度大多处于国家领先地位，对能源集约利用和污染治理水平也相对较高。因此，整体能源效率对产业结构高级化的反应相对比较有限。

对发展中国家而言，大部分国家仍处于工业化进程中，第二产业的发展往往容易出现"粗放型"增长状态。例如，墨西哥的石油工业的扩张带来不稳定因素增加，印度尼西亚劳动密集型制造业的增长出现了"新世界加工厂"的迹象，也带来了能源消费的大量增长和环境水平的恶化。相对于工业和制造业，部分国家第三产业发展进入了更为良好的阶段。例如，沙特阿拉伯、土耳其的新兴服务业和现代服务业近年来得到快速发展，体现出了产业转型升级的效益。

对金砖国家来说，中国、巴西和俄罗斯的产业结构水平相近，且高于印度和南非。但是从整体上来讲，金砖国家产业结构水平与发达国家之间仍旧存在较大差距，产业高度化程度不足[109]。虽然近年来，以印度（被称为"世界办公室"）为代表的金砖国家服务业得到了较快的发展，但仍处于国际服务产业链的低端环节（例如软件产业仍以服务外包为主），创利空间有限。加上部分国家第三产业内部的多个行业尚未脱离粗放型的增长方式（例如交通运输产业）或者出现了内部结构失衡，使得第三产业扩张对整体能源效率改善受限。以俄罗斯为例，该国经济因特殊的历史背景（苏联解体），出现了较长时期的经济波动和下滑，自 1999 年以后进入平稳期。而在此期间，虽然从直观数据上看，俄罗斯产业结构出现了明显的"高级化"倾向，出现了第三产业占比扩大和第二产业比重下降，但是这种比例变动主要是由于整体产能下降以及经济自由化带来的居民消费结构变化对服务业的大量需求，而不是由于经济效率自然提高所带来的产业结构升级。因此，出现了第三产业的内部结构严重失衡，包括文化、卫生、科学、教育等行业出现了严重的发展停滞或者衰退，形成了虚假的"结构优化"[148]。

对中国而言，快速工业化进程的加深，在一定程度上限制了第二产业规模的下降。但是，单纯的产业结构高级化并未能体现出对整体能源效率改善的推动作用。主要原因在于，改革开放以后中国能源利用水平得到了显著的提高。其中，第二产业的绝对能源效率（以能源强度为代表）提升幅度最大，且远高于第一产业和其他部门。第三产业中的交通运输业能源强度在1991～2006年间甚至出现了恶化[149]。特别是"九五"计划以后"抓大放小"和"节能减排"政策的全面实施，有效地淘汰落后产能、降低了工业污染排放，极大提高了工业的能源综合利用水平。在这一时期，重工业的全要素效率水平得到显著提高并超过了轻工业的整体水平。虽然在"十五"期间，中国经济出现了重工业能耗和排放的"反弹"，但随后新一轮的低碳发展和环境保护政策，以及高比例、大额度的绿色项目投资有效地遏制了各行业的效率恶化。汇丰银行统计资料显示，2008年中国绿色项目投资资金占比38%，次于韩国81%和欧盟59%；同时，中国绿色投资以2210亿美元（当年汇率计算）位居世界首位，其绝对量超出了美国当年投资水平一倍[150]。相关研究也充分表明，尽管第二产业内部行业间差距比较突出，但在2001～2012年间，工业行业的全要素能源效率体现出了波动上升态势[151]。此外，随着我国反倾销所涉及的制造业领域机械化水平和技术水平的提高，制造业带来的污染得到初步控制[152]，工业增长逐渐向依靠绿色生产率驱动的模式转变，中国产业结构反向变动的负向效应因而被抵消了[153]。

（3）城乡结构。

从回归分析的结果来看，城市化水平的提高对二十国集团整体、发达国家组和其他发展中国家组的能源效率提高均产生了不显著的抑制作用，但在以中国为代表的金砖国家则出现了对能效改善的积极促进作用。换句话说，城市化水平对能源效率的影响同样也具有"双刃剑"的特征。城乡结构对能源效率的作用机制如图6.4所示。

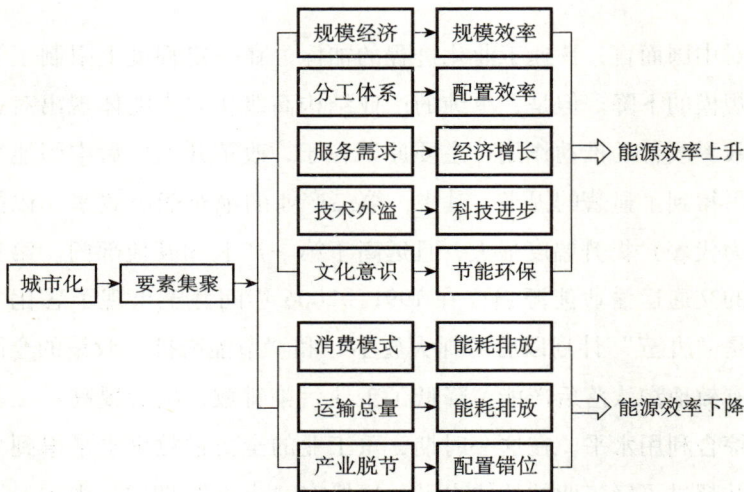

图6.4　城乡结构对能源效率作用机制

从积极的方面来看，城市化水平提高将极大地促进生产要素的集聚。城市化进程通常伴随着人口、物资、资金向特定地理空间的集聚和集中。一是可以通过资源要素的集聚，提高能源利用的规模效益；二是通过劳动分工的深化，提高生产过程中的管理水平和资源的配置效率；三是城市化的推进有利于城市经济，尤其是金融、通信、餐饮等服务业的繁荣发展，在促进经济增长，形成新增长点的同时，降低对能源资源的依赖；四是通过要素集聚促进技术外溢，推动科技创新，以技术进步提高综合能源利用水平和污染排放控制；五是通过文化和教育水平的优化，提高居民素质，尤其是"能源环境素养"，提高资源节约和环境保护意识，降低能源消费和污染排放。

　　但从另一方面来讲，城市化水平达到一定高度以后，急剧膨胀的人口和有限的空间资源，将会带来极大的资源约束和污染排放压力。第一，城乡结构的变化带来了人们生活方式和消费习惯的明显变化，刺激了对能源等资源的大量需求和消费，引起了温室气体的排放的增加。第二，能源资源具有明显的地域属性，且分布并不均匀。若城市空间的集聚和分布形式与能源分布区域产生较大的差异，一方面会提高能源从开发（源头）到消费（终端用户）的运输距离和难度，增加了能源消费环节中的浪费和污染排放，引起能源效率恶化；另一方面，城市间、城市内的大量交通运输需求也会带来大量的能源消费和污染排放。第三，在世界城市化进程中出现了过度城市化（over urbaniza-tion）和滞后城市化（under urbanization）两种极端的现象。前者在产业尚未实现合理配置的情况下，实现了过高的城市化率；后者则是体现城市化发展滞后于工业化水平。但无论是哪一种形态，其根本都是城市化进程与工业化水平的错位和脱节，由此容易引发包括能源在内的资源配置扭曲，对经济整体的运行效率产生负面影响。

　　对发达国家来说，其城市化进程已经基本结束。根据本书基于世界银行的统计数据可知，在观测期内各国平均城市化率接近80%，且基本都已经达到了各自的"峰值"。多数发达国家在过去三十年间城市化率基本保持稳定，在局部地区甚至还出现了"逆城市化"现象。城市的资源、空间容量基于饱和，集聚经济、规模经济的提升空间有限。

　　对其他发展中国家来说，样本中以阿根廷、墨西哥、土耳其为代表的国家出现了明显的过度城市化现象，又称为超前城市化。根据世界银行统计，观测期内发展中国家平均城市化水平约为72.4%，与发达国家水平十分接近。但该类型国家的工业化水平则与发达国家具有较大差距。在城市化推进过程中，脱离了产业发展水平，带来资源配置的扭曲和错位，抑制了能源效率的提高。

　　对于其他金砖国家来说，则同时具有超前城市化（以巴西、南非为代表）和低度城市化（又称为"滞后城市化"，以中国和印度为代表）的特征。但从整体上看，根据世界银行的统计数据，观测期内金砖国家平均城市化水平约为60%，在各集团中处于最低水平，且与发达国家组和其他发展中国家组具有较大差距。在这一阶段，城市规模的扩大对能源集约利用，以及技术溢出和公民素质提高都具有更显著的正向效应。

对中国而言，其经济经过三十多年的高速增长，人口红利、资源红利、外贸红利和环境红利等均已走到尽头，城镇化逐渐成为国民经济新的增长点。中国的城镇化率从1989年的17.9%提高到2012年的52.6%，不仅推进速度快，更重要的是，扩张规模在人类发展史上前所未有的[154]。尽管在快速城市化过程中带来了相应的能源需求和污染排放，但在这一阶段中，资源的规模化利用、资源开发管理水平的大幅提高、技术进步和溢出、国民素质和环保意识的加强、金融信息服务业能级的扩大都有效地促进了综合能源效率的改善。此外，由于特殊国情，中国的城市人口密度高，"集约化"特征显著。人均建筑运行能耗和城市建筑单位面积运行能耗均远低于发达国家城市的平均水平，充分发挥出了城市化的规模经济性。但值得注意的是，中国城市化发展也同样体现出了一定的"粗放式"发展模式。受此影响，城市化推进过程应有的积极作用也受到了一定的限制。

由此推断，二十国集团的城市化率与能源效率之间极有可能存在一种"倒U"型曲线的关系——城市化进程快速扩张的过程中，通过要素集聚和技术外溢，带来能源环境的"红利"超过了其负面的影响，体现为城市化率提高对能效水平的改善；而当城市化进程到达一定的水平和峰值以后，其对能源资源利用水平进入平台期，资源节约效应不显著，同时环境污染和生态恶化的负面效应逐渐被放大。这一阶段的城市化率和能源效率之间会出现不显著的负相关关系。

（4）交换结构。

从经济交换结构的回归结果来看，贸易顺差规模的扩大，对发达国家的能源效率提高起到了显著的促进作用，对金砖国家则起到了显著的抑制效应，对二十国集团整体和其他发展中国家子集团的效率改善也起到了一定的负向作用。此结果与本研究最初的预期相一致。

从目前国际贸易特点来看，顺差规模对不同发展阶段和产业分工的经济体产生着差异化的作用方式。国际贸易流动，除了资金之外，还隐含着"内涵能源（产品在生产过程中直接和间接消费的能源总量）""内涵碳（产品在生产过程中直接和间接排放的二氧化碳总量）"的流动。

对处于国际产业链顶端的发达国家而言，一方面，通过仍然广泛存在的"剪刀差"，在国际交换中获得超额利润；另一方面，发达国家出口以高新技术产品、高端制造产品和技术服务出口为主，进口以初级农副产品、资源原料、零部件、手工制品、低端工业品和劳动密集产品为主，形成"内涵能源"和"内涵碳"的净进口国。对发展中国家来说，其低端加工制造产品，尤其是能源资源的出口，含有大量的"内涵能源"和"内涵碳"。同时，因产品生产制造过程带来的环境污染、生态恶化构成的间接经济损失也未能完全计算在出口产品价格之中，更加剧了发展中国家国际贸易中的带来的能源效率损失（见图6.5）。

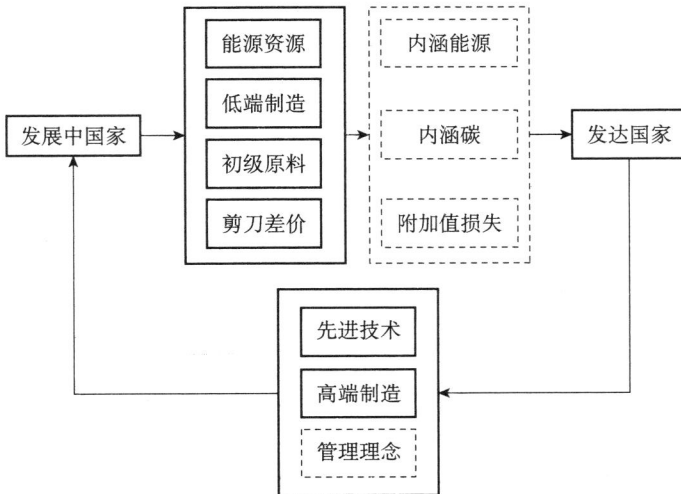

图6.5　交换结构对能源效率作用机制

当然，在整个国际贸易中，除了商品交易，也在无形中促进了跨国交流和知识流动，提高了发展中国家的对外开放水平和国际参与能力，对欠发达地区的市场优化和制度创新也形成了一定的"倒逼机制"。

因此可知，二十国集团中发达国家经济交换结构的"失衡"，也就是贸易顺差规模的扩大实际上对其能源效率的提高起到了促进作用，而对包括金砖国家在内的发展中国家起到了负向影响。

以金砖国家为例，各国均为"出口导向型"经济结构，大力追求贸易顺差，都经历着资源驱动型和出口驱动型增长模式。相应的经济结构也在不同程度上体现了出口导向的单边外向型经济模式，并形成了不尽合理的贸易结构。总体来说，受制于发达国家主导的全球分工体系，金砖国家仍处于资源配置结构的不利地位，其产业和金融分工大多受困于全球产业价值链的低端，成为廉价生产商、低端制造商或资源供应者。例如，中国被称为"世界工厂"，巴西号称"世界原料基地"，俄罗斯被称作"世界加油站"，而南非被称为"非洲门户"。因此，金砖国家在国际贸易中既难以获得在资源、市场、利润方面的公平利益分配，也加剧了自身"内涵能源"和"内涵碳"的净出口规模。

中国也不例外。"十一五"以来，我国对外贸易持续增长，工业品对外贸易中，垂直分工与贸易所占的比重越来越大，外贸依存度迅速提高，融入国际分工体系的步伐加快、程度加深。但与此同时，中国在全球产业分工体系中的比较优势依然集中在相对低廉的劳动力、土地、资源和环境成本，尚未形成以高新技术和自主知识产权为主导的出口优势，出口体系在国际产业分工中仍处于价值链的低端环节。在这种情况下，尽管贸易顺差和贸易规模得到了较快的扩大与提高，整体的福利却并未得到显著的增加。甚至，由于国际贸易中"内涵能源"和"内涵碳"的净流出，以及贸易顺差带来的"生态逆差"，显著地刺激了中国能源效率的恶化，造成了国民福利的损失[155]。

（5）禀赋结构。

禀赋结构体现的是一国劳动力人均资本占有水平，反映的是资本深化的程度，也体现经济的重型化程度。从回归结果来看，资本深化过程显著促进了发达国家的能源效率水平的提高，但对包括中国在内的金砖国家和发展中国家的能效改善起到了显著的负向影响。

通常而言，随着资本深化水平的加深和提高，国民经济会逐渐由劳动密集型向资金密集型产业转型，体现为资本对劳动的替代效应。一般认为，资本的深化可以对能源资源产生较强的替代作用，进而促进能效水平的提高。此外，资本深化过程也会促进科技进步与技术创新。但同时，禀赋结构的加深也容易通过资本的深化过程，刺激资本密集型产业的"重型化"倾向，进而刺激能源的大量消费和污染排放。在这种情况下，技术进步对能源效率的有益作用就容易被资本深化过程中高能耗、高污染产业选择所抵消，并进一步刺激环境约束下能源效率的恶化（见图6.6）。

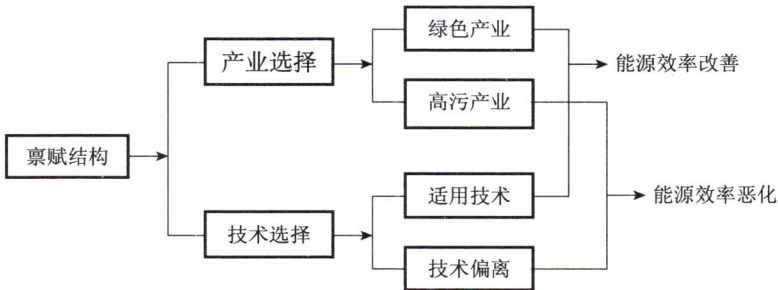

图6.6　禀赋结构对能源效率作用机制

资本深化对能源效率的影响是通过两个主要路径来实现的。一是产业选择。基于传统理论，资本密集型经济更偏向于重型化，因此导致能源消费和污染排放的大幅增长。但在资本深化过程中，通过对产业类型的有效选择，尤其是大力发展节能环保型产业，能够有效地避免经济重型化所带来的污染排放。另一作用路径是技术选择。一国或地区所利用的不同性质的技术共同组成了该国家或地区的技术结构，主要类型包括资本密集型技术和劳动密集型技术。一般来说，技术结构内生于国家或地区禀赋结构，一国的技术结构应适于当地的禀赋结构，也就是应大力发展"适用性"技术，而非盲目的追求"高精尖"技术[156]。通过合理的技术结构，在提高经济效益的同时，最大限度地发挥资本对能源的替代效应和技术进步带来的节能环保效果。

通常而言，技术结构内生于禀赋结构。依据资源禀赋理论，相对于超前技术，选择适宜性技术将会更利于一国经济的良性发展。但现实中许多发展中国家往往忽略自身禀赋状态和特征，大力开发、引进或应用行业内或者领域内最先进的技术，从而偏离了最优技术结构。这也解释了禀赋结构提高对金砖国家组和发展中国家组的能效改善负向抑制作用。此外，该负相关关系也说明金砖国家和发展中国家中，资本消耗能源的比率超过技术在资本中的使用，过快的资本深化代替了相对富裕的劳动力，最终导致整体能源效率下滑，也体现出目前金砖国家和发展中国家产业选择的"重型化"和"高能耗"的特征，其经济增长模式仍是粗放型的。

资本深化水平的提高也同样刺激了中国能源效率的恶化，说明在目前发展阶段，资本还没有对能源形成很好的替代。近年来对于经济增长目标的过度追求，刺激了地区间资本竞争的加剧。在区域资本竞争的过程中，难以避免地出现了因产业选择或技术选择的偏误带来的禀赋结构扭曲，阻碍了能源效率的改善和提升。此外，该结果的出现，也反映出目前中国的经济增长仍未摆脱"数量型"的扩张模式，资本密集型产业体系所带来的高消耗、高污染、高排放抵消了技术创新和进步的有益调节作用，刺激了环境约束下能源效率的恶化。

由此可见，随着经济发展程度的不断提高，发展中国家将要并且应该更加重视资本的投入质量，从而对包含环保效果的资本投入表现出更大的偏好。同时，注意适宜性技术的开发利用，纠正技术结构的偏离和扭曲，促进技术类型与国家资源禀赋的协调互动。

（6）政府效能。

从回归结果来看，政府效能对二十国集团整体、发达国家以及金砖国家的能源效率提高和优化起到了显著的积极促进作用；但在发展中国家样本中则出现了不显著的抑制性，出现了"政府效率悖论"。该结果与本研究提出的假设部分相符。

能源效率的改善需要节能环保产业（如新能源产业）和清洁科技的支持。而相关产业发展和技术研发应用往往都是高资本密集型、高知识密集型和战略性新兴产业，该类型产业的发展和成熟需要大量资金投入和政策扶持。一个高效能的政府，将会促进制度环境的改善和优化，能够保证能源气候（环境）政策和相关法律法规的有力性、有效性、长期（稳定）性（3L：loud，long and legal）。进而，吸引大量非政府的（民间资本或外资）绿色节能环保投资、培养和吸收优秀"绿色人才"、促进绿色技术创新和应用，不断形成政府对节能环保和绿色产业发展的"拉动（Pull）"作用（见图 6.7）。

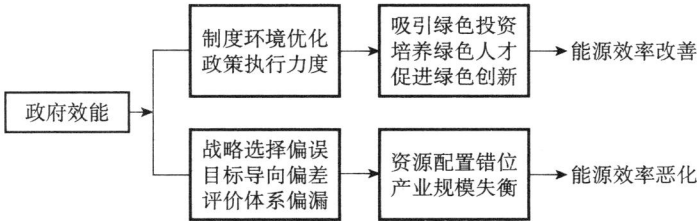

图 6.7　政府效能对能源效率作用机制

但从另一个角度来讲，根据 2012 年唐任伍提出的"政府效率悖论"，政府追求高效率，尤其是高经济增长率的同时，产生了效率损失与资源配置低效现象[68]。因此，考虑到能源资源和气候问题的独特战略性和国家属性，政府悖论也非常有可能发生在能源气候治理的过程中。若能源气候战略导向、发展目标或评价方式存在偏差，则会导致资源配置扭曲和规模失衡，降低能源效率提升与发展的空间。

由以上的分析可知，政府效能的提高对发达国家和金砖国家的能效改善都产生了显著的促进作用，虽然在发展中国家组中出现了负向抑制效果，出现了"政府效率悖论"，但这种"逆向"效果并不显著。同时，该结果的出现也可能是因为样本量较小的影响。此外，二十国集团样本在整体上对政府效能的反应是显著正相关的，也说明了政府能效提高对各国综合能源利用的广泛意义。对中国而言，政府效能提高对国家能源效率水平的提升具有促进作用，但是作用显著性不高。也反映出我国政府治理结构和方向上并未达到最优。

（7）外商投资。

从回归结果来看，外商直接投资在二十国集团整体上与能源效率提高具有显著正相关关系，在发达国家群组中出现了不显著的负相关，对金砖国家的能效改善具有积极作用，对发展中国家样本则具有显著的促进效应。该回归结果与研究假设基本相符。

外商直接投资对一国能源利用和环境水平的影响也具有一定的"双重属性"（见图6.8）。从积极作用来看，外商直接投资能够带来具有更高效率、更清洁技术的推广，从而促进能源有效利用、刺激经济增长与资源环境协调性的改善，因此产生"污染光环"效应；另一方面，由于环境标准存在国别差异，加之部分国家政府之间存在以环境竞次（racing to the bottom）为特征的破坏性竞争以吸引更多投资，刺激了部分污染密集型或资源消耗型产业从环境标准高的国家通过直接投资转移至环境标准低、环境保护政策缺位和相应管理较为松散的国家或经济体（尤其是欠发达国家和地区），带来当地资源消耗和排放污染，相应的净流入国也因此成为FDI的"污染避难所"。因此，有研究表明，流入发展中国家的FDI恶化了当地环境，而流入发达国家的投资则产生了"光环效应"[157]。

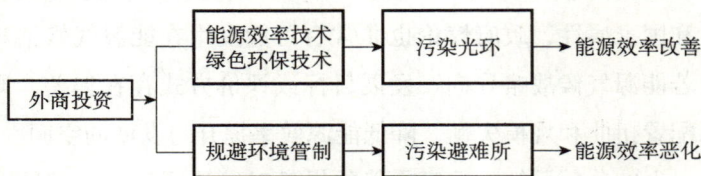

图 6.8　FDI 对能源效率作用机制

由本研究的回归结果可知，"污染避难所"假说在二十国集团样本中并不成立。相反，FDI的净流入对包括中国在内的金砖国家和发展中国家的能源效率提高都起到了积极的促进作用，甚至在发展中国家样本中还产生了显著的"污染光环"效应。该结果的出现一方面说明外商直接投资规模的扩大，促进了发展中国家和金砖国家清洁能源和环保技术的引进吸收和推广利用，并对综合能效改善产生了积极作用；另一方面，随着新兴经济体的政府、国民和相关部门节能环保意识的加强，尤其是对资源稀缺、环境保护、气候治理重要性认识的提高，也推动了各国对环境标准的提高以及环境规制力度的加强，直接或间接地改变了 FDI 的投资方向，促进了 FDI 结构调整，形成绿色外商投资。

6.5 本章小结

本章从结构调整和制度优化的视角，选取宏观能源效率关键性结构影响因素和制度变量。在估计模型构建的基础上，利用"DEA-Tobit"两步法技术，对 2000～2010 年各国面板数据进行分组回归分析。通过能源结构（化石能源消费占一次能源消费比重）、产业结构（第三产业与第二产业增加值比例）、城乡结构（城市人口占总人口比重）、禀赋结构（劳动力人均资本占有量）、交换结构（贸易顺差占 GDP 比重）、外资规模（FDI 占 GDP 比重）和政府效能（政府效能指数）对二十国集团整体、各子集团以及中国能源效率影响方向及作用程度的测度，明确不同情境下结构变量、制度变量对能效改善的差异性"作用力"，并检验"政府效率悖论"和"污染避难所"假说的存在性。在此基础上，识别对二十国集团具有普遍意义的关键要素，重点分析包括中国在内的金砖国家效率提升的关键路径，提出后发国家追赶先进水平的结构调整重点和制度优化方向。

根据分组回归结果发现，结构要素和制度变量对各集团的影响方向及作用程度不尽相同，具体表现如下：

（1）从二十国集团整体上看。化石能源消费、城市化进程、贸易顺差扩大均对二十国集团整体的能源效率起到了不同程度的抑制作用；产业升级、资本深化、政府能效和 FDI 规模扩大则促进了能效改善。从回归结果来看，能源结构优化、产业结构调整、政府能效提高、禀赋结构优化以及外商投资扩大对二十国集团的能源效率的改善具有较强的普遍性意义。

（2）发达国家能源效率优化。化石能源消费、城市化进程、FDI 规模与发达国家能源效率之间出现不显著的负相关关系；资本深化、贸易顺差规模、政府能效则显著地提高了发达国家能效水平；产业结构升级虽然作用方向为正，但程度并不显著。该回归结果体现出发达国家在国际贸易、产业合理化、制度水平、绿色科技等方面的先进性。

（3）金砖国家能源效率提升。化石能源消费、产业升级、贸易顺差、资本深化都对金砖国家效率提高起到了抑制作用，且后两者负影响显著；城市化率以及政府效能的提高则有效促进了金砖国家对先进国家能效水平的追赶；相对而言，FDI 与能源效率间有不显著的正相关关系，说明"污染避难所"假说在金砖国家中并不成立。

（4）其他发展中国家的能效改善。产业结构升级、外商直接投资的扩大均对能源效率改善具有显著促进作用，说明 FDI 在其他发展中国家组内出现了"污染光环"现象；化石能源消费、贸易顺差、城市化率、资本深化和政府能效则在不同程度上抑制了效率的改善，其中，禀赋结构的深化的抑制作用尤其显著。因此，发展中国家应积极扩大 FDI 规模和层级，并通过改善国内技术结构和产业结构以规避效率的恶化。

（5）中国情境下效率追赶。各要素对中国能源效率影响的作用方向与在金砖国家中相同，但不同变量显著性有所差异。对中国而言，城市化进程推进对能源效率改善作用明显，资本深化与交换结构失衡比较显著地抑制了能效水平的恶化。以上三个要素是首先需要注意的调整方向。其次，能源结构调整（包括能源结构的低碳化和高级化）、产业结构合理化、政府能效提高同样能够促进中国能源效率优化。最后，FDI 对中国能源效率改善提到了不显著的促进作用，说明"污染避难所"假说在中国并不成立。

由此可见，本书第 3 章关于能源效率追赶的假设大部分得到了支持和验证。从能源结构来看，化石能源比重的降低对各集团能源效率改善均起到积极作用，并能够有效促进后发国家对先进效率水平的追赶，符合假设 H3.1。产业结构高级化对以中国为代表的金砖国家产生了反向作用，这一点与预期假设有所出入（H3.2）；说明以中国为代表的金砖国家在快速工业化的进程中，应注意产业结构内部的高级化、合理化和绿色化。城市化水平的提高在以中国为代表的金砖国家群组出现了对能效改善的积极促进作用，有效促进低效率国家向高效率水平追赶，符合假设 H3.3。从经济交换结构的回归结果来看，贸易顺差规模的扩大，对发达国家的能源效率提高起到了显著的促进作用，对金砖国家和其他发展中国家子集团的效率改善也起到了一定负向作用；此结果与本书最初的预期相一致（H3.4）。资本深化过程显著促进了发达国家的能源效率水平的提高，但对包括中国在内的金砖国家和发展中国家的能效改善起到了显著的负向影响，与研究假设相符（H3.5）。政府效能对发达国家组和金砖国家组的能源效率提高起到了积极促进作用，但在发展中国家样本中则出现了不显著的抑制性，出现了"政府效率悖论"；该结论与本书提出的假设部分相符（H3.6）。因此，对于发展中国家来说，如何避免"政府效率悖论"的恶化，对避免国家能源效率退步具有一定的意义。相应的，金砖国家则应该进一步发挥制度对能源效率改善的积极作用，以实现能源效率的加速增长。外商直接投资对金砖国家的能效改善具有积极作用，对发展中国家样本则具有显著的促进效应。该回归结果与研究假设基本相符（H3.7）；由此可见，"污染避难所"假说在二十国集团中并不存在，金砖国家和发展中国家都应继续提高外资利用的规模和水平，并按照各自国家产业发展方向引导外资投入领域。

7 结论建议与研究展望

7.1 主要结论

本书从绿色化的视角出发，基于3E系统和外部性理论，围绕结构优化和追赶理论，对二十国集团（G20）2000～2010年各经济体的环境约束下能源效率发展水平、国家间能效收敛状态和关键结构性和制度影响因素的作用方向进行全面评价、解析和讨论。进而，识别国家间能源效率的差距性、能源效率的追赶性，识别低效率国家追赶高效率水平的关键动因，以及相应的结构调整与制度优化的重点方向和领域。以下为主要的研究结论。

7.1.1 效率测度与比较相关结论

第一，从总体上看，二十国集团整体能源效率在观测期内出现了微弱的下降趋势，反映出能源合理、绿色化利用——在满足经济增长需求的同时降低环境影响——在全球范围内存在的压力和挑战。

第二，从子集团上看，发达国家的能源效率水平仍处于领先地位，并且显著高于金砖国家和其他发展中国家。金砖国家平均效率水平在三个子集团中处于末位，但在观测期内增速最高，于2009年接近其他发展中国家平均效率水平，并进一步缩小了与世界先进水平的差距。

第三，从个体上看，法国、英国、美国在观测期内所有年份均达到了 DEA 有效，处于效率最优前沿，实现了"又快又好"发展。在保证经济增长的前提下，成功实现了节能减排。而中国、俄罗斯、沙特阿拉伯等国家在碳排放约束下的能源效率值则显著地落后于其他成员，体现出了实现绿色增长所面临的巨大挑战。

第四，对中国而言，其能源效率值仍然处于较低水平（G20 中排名第 18 位），不但显著低于 G20 最优水平，并且显著低于 G20 平均水平、显著低于金砖国家平均水平。该结果的出现，一方面说明中国目前能源利用方式的非可持续性，以及其节能减排的巨大压力；另一方面，也意味着中国能源效率仍具有较大的提升空间。通过能源效率的优化，促进中国在新一轮的国际竞争中实现快速、包容、可持续增长，则成为摆在中国政府面前的重大议题。

由此可见，国家间能源效率的差异性在二十国集团中是显著存在的。并且，本研究关于能源效率测度与比较的假设基本得到了验证，即：发达国家的环境约束下能源效率水平依然处于领先地位（H1.1）、金砖国家的效率水平最低（H1.2）、中国的效率水平不但与 G20 先进水平有显著差距，并且显著低于金砖国家的平均水平（H1.3）。

7.1.2 效率收敛检验与追赶效应

从分析结果来看，观测期内大部分国家实现了能源效率的改善和提高，其中以俄罗斯和韩国的效率提升最为显著，实现了对最优前沿的加速追赶。

绝对 α 收敛检验结果表明，二十国集团、发达国家、金砖国家、其他发展中国家的标准差在观测期内均出现了下降，说明能源效率收敛在二十国集团中具有存在性，低效率国家与高效率国家间的"效率缺口"随着时间推移不断缩小；从组间收敛来看，金砖国家向发达国家组的收敛态势明显，并实现了对"中等效率水平"（即其他发展中国家组）的追赶；其他发展中国家组在观测期内则出现了与发达国家之间的发散现象，并由此引发了本研究对"中等效率陷阱"的猜想；

中国在观测期内，对发达国家和世界平均效率水平出现了波动性的追赶效应。

绝对 β 收敛检验结果表明，二十国集团、发达国家、金砖国家、其他发展中国家的绝对 β 收敛系数均显著为负，说明无论是在二十国集团整体还是各子集团内部，绝对 β 收敛假说成立。在观测期内，低效率国家以更快的增长速度实现了对高效率国家的追赶和赶超；在各集团中，金砖国家的绝对收敛速度最快，且形成了对其他发展中国家的赶超和对发达国家的效率追赶；其他发展中国家与发达国家的效率差距出现不显著的扩大现象；中国在较为显著的水平上实现了对世界平均水平的追赶，但对以发达国家为代表的高效率水平的追赶现象尚不明显。绝对 β 收敛检验结果也支持了绝对 α 收敛检验的结论。

条件 β 收敛检验结果表明，二十国集团、发达国家、金砖国家、其他发展中国家的条件收敛系数均为负，说明无论是在二十国集团整体还是各子集团内部，条件 β 收敛假说成立。也就是说，随着时间推移，各经济体因其发展初期国情差异，不断收敛于自身的稳态水平，国家间的效率水平差距依然是存在的。由此可见，尽管能源效率的国家间差距由于"追赶效应"的存在是不断缩小的，但国家间效率水平的绝对差异是不会消失的。也就是说，低效率水平国家通过效率追赶不断拉近与高效率国家的差距，但在短期内，仍无法完全达到最优的效率水平。

随机性收敛检验结果表明，在二十国集团整体上的全局性随机趋同并未出现，说明二十个国家间在整体上并未形成相对稳定的效率增长路径。因此，在受到持续外来冲击的情况下，二十国集团内部国家的效率增长路径将会出现差异化的变动，随机发散特征明显；相对而言，发达国家集团、金砖国家集团的内部则出现了较为显著的随机收敛特征，外部冲击对集团内效率相对变动趋势的影响不大；对其他发展中国家集团而言，随机趋同效应并不显著，也在一定程度上支持了本书关于"中等效率陷阱"的猜想。

由此可见，尽管不同经济体的效率增长路径出现了差异性的特征，但从整体上看，低效率国家对高效率国家的追赶效应在二十国集团中是显著存在的，但在不同层次上出现了"俱乐部"收敛的特征。从条件收敛的结果来看，尽管后发国家形成了对先进水平的追赶，落后国与先进国家间的"效率差距"在不断减小，但这种差距在短期内不会彻底消失。此外，发展阶段相似的国家集团，尤其是发达国家和金砖国家内部均出现了随机性收敛的特征。说明同类型国家间的效率变动具有一定的"相对稳定性"，在正常条件下，国家层面能源效率的改善是长期而缓慢的。

相应的，本书针对收敛检验提出的三个假设也都得到了支持——能源效率的追赶效应在 G20 中是显著存在的（H2.1）；金砖国家实现了对发达国家的加速追赶（H2.2）；中国实现了对 G20 平均水平的追赶，但追赶效应并不十分显著（H2.3）。

7.1.3   因素作用效果及提升策略

根据关键结构性因素和制度变量对不同类型国家集团的差异性作用方式，得到以下主要结论。

（1）能源结构。化石能源消费比重的提高在整体上抑制了各国能源效率的改善，但其改善作用的显著性不同。金砖国家的能源结构调整，其改善效果最为突出，但在发达国家组和其他发展中国家组中则相对较弱。该回归结果从作用方向上看与本研究所提出的假设基本相符，说明能源结构的"低碳化"推进，能有效促进金砖国家对世界先进效率水平的追赶。

（2）产业结构。产业结构高级化进程确实对二十国集团整体、发达国家和其他发展中国家产生了不同程度的促进作用，但对以中国为代表的金砖国家产生了反向作用，这一点与预期假设有所出入。说明以中国为代表的金砖国家在快速工业化的进程中，应注意产业结构内部的高级化、合理化和绿色化，避免能源效率的恶化。

（3）城乡结构。城市化水平的提高对二十国集团整体、发达国家和其他发展中国家的能源效率提高均产生了不显著的抑制作用，但有利于以中国为代表的金砖国家能源效率的提升。由此可见，城市化水平的扩大，将有效促进低效率国家向高效率水平追赶。该结论也支持了本书关于城乡结构的假设。

（4）交换结构。从经济交换结构的回归结果来看，贸易顺差规模的扩大，对发达国家的能源效率提高起到了显著的促进作用，对金砖国家则起到了显著的抑制效应，对二十国集团整体和发展中国家集团的效率改善也起到了一定负向作用。此结果与本研究最初的预期相一致。因此，以中国为代表的新兴经济体，在经济的快速扩张中，应重点关注进出口结构的"高级化"和"绿色化"，降低交换结构失衡带来的负效应。

（5）禀赋结构。资本深化过程有利于发达国家的能源效率水平的优化，但对包括中国在内的金砖国家和发展中国家的能效改善起到了显著的负向影响。从回归结果来看，与研究假设相符。因此，对于后发国家来说，在资本深化的过程中，积极调整投资重点和产业方向，尤其是选择"适宜性"技术结构，防止技术结构与禀赋结构的偏离，才能有效遏制环境约束下能源效率的退步。

（6）政府效能。政府效能对二十国集团整体、发达国家以及金砖国家的能源效率提高和优化起到了显著的积极促进作用；但在发展中国家样本中则出现了不显著的抑制性，出现了"政府效率悖论"的征兆。该结论与本研究提出的假设部分相符。因此，对于发展中国家来说，如何避免"政府效率悖论"的扩大和加深，对其能源效率改善具有一定的意义。相应的，金砖国家则应该进一步发挥制度对能源效率改善的积极作用，以实现能源效率的加速提高。

（7）外商投资。外商直接投资在二十国集团整体上与能源效率提高具有显著正相关关系，在发达国家组中出现了不显著的负相关，对金砖国家的能效改善具有积极作用，对发展中国家样本则具有显著的促进效应。该回归结果与研究假设基本相符。由此可见，"污染避难所"假说在二十国集团中并不存在。金砖国家和其他发展中国家都应提高外资利用的规模和水平，并按照各自国家产业发展方向合理引导外资流入领域。

由此可见，本研究最初的假设在较大程度上得到了支持和验证。相应的，对于以金砖国家为代表的效率较低、但增速较快的国家，应重点关注城市化水平的提高、政府效能的优化，并通过贸易结构调整以及重新部署资本深化过程中的投资、产业和技术重点，以实现能源效率的提升和加速追赶；其他发展中国家应积极通过产业结构高级化和扩大 FDI 规模来避免能源效率的退步。同时，也要高度关注资本深化过程中对投资重点和技术结构的调整。

7.2　对策建议

通过主要章节的理论探讨、实证检验和相关讨论，形成对 G20 国家能源效率水平、变动趋势、追赶路径、效率动因的客观认识，明确中国与二十国集团其他国家的差距及原因。基于以上分析结果，结合中国能源系统特征以及能源环境管理模式，提炼出中国情境下的能源效率提升与追赶的政策启示。

7.2.1　能源结构调整

根据结构优化理论以及中国的资源禀赋特征，应从以下几个方面对能源结构进行优化升级，通过"传统与可再生并重"，加快实现对世界先进水平的追赶。

第一，优化清洁能源产业规模与质量。清洁能源（包括水电、核电与可再生能源）的开发利用和大规模推广是世界能源低碳绿色转型的重要方向，也是世界各主要国家能源战略的重点。但我国大部分的新能源产业，尤其是技术水平和大规模应用上，仍处于"弱势"地位。因此，仍需要政府从各个方面对新能源产业的发展布局、技术路线、重点领域、市场推广的方方面面，对包括风电、光伏、生物质能在内的重点技术产业，因地制宜地进行扶持和引导，加快提高清洁能源在总体能源中的规模和比重。此外，受境外技术转移和国内技术水平限制，新能源产业体系出现了"两头在外"（核心技术与应用市场在境外）的局面，严重制约了可再生清洁能源消费的增长。同时，新能源产业加工制造环节的粗放型生产方式未得到根本改善，导致我国新能源产业在发展过程中不断遭遇"非绿色、非清洁"的尴尬，使得目前新能源消费比重的提高对我国能源效率改善作用十分有限。因此，在"重规模"的前提下，加快提高新能源产业链升级和全面"质量型"优化，对中国能源效率改善同样关键。

第二，加快化石能源高质和低碳应用。尽管能源利用方式的绿色"无碳"是世界各国追求的共同愿景，但在相当长的一段时期内，化石能源仍是世界能源消费的主体。对中国来说，其资源禀赋的特征是"富煤、贫油、少气"。长期以来的煤炭消费主导地位虽然带来了一定的环境影响，但同时也保障了国家能源安全，并形成了规模庞大的以煤化工等为代表的煤炭产业体系。而更为现实的情况是，今后较长一段时期，煤炭作为我国主体能源的地位不会改变。煤炭资源的高效率、清洁化利用对中国能源效率提高起到至关重要的作用。此外，化石能源中的天然气资源，因高热值和低碳属性备受关注。尤其是近年来页岩气开采技术的不断升级优化，将对化石能源的"高质化"和"低碳化"发展产生积极影响。因此，一是持续提高发电用煤比重，实施煤电节能减排升级改造行动计划，充分发挥煤炭资源发电效率高的比较优势；二是大力推广煤炭清洁利用技术和工艺，提高煤炭综合利用水平；三是重点突破页岩气等非常规油气资源和海洋油气勘探开发技术，积极推广低碳化石能源的开发利用水平和规模。

7.2.2　产业结构调整

在产业结构调整方面，应通过产业结构合理化、高级化、多元化、绿色化等手段，加快推进产业结构调整对能源效率的综合改善和提升效应。

（1）产业结构合理化。产业结构合理化强调资源在不同产业部门间的合理配置，使得整个产业体系处于高效、协调、互动、均衡的发展态势，并能够提高产业体系对外界市场的适应能力，提高绿色生产率。产业结构合理化对中国而言意义深远。中国目前正处于快速工业化进程中，第二产业部门的"数量型"扩张难以避免，由此而引发的大量能源需求也难以迅速下降。因此，在这个过程中，一方面要对第二产业部门内部进行合理化调整，尤其是对过剩产能的控制，促进生产要素的合理高效配置；另一方面，按照"新型工业化"的思路，大力发展高端制造业，积极利用高新技术改造传统产业，促进工业和制造业的"高质量"发展，既有利于第二产业本身的节能减排，又可以为第一、第三产业的发展提供有力支撑。

（2）产业结构高级化。产业结构高级化又称为产业结构升级，通常的规律体现为第一产业向第二产业、再由第二产业向第三产业的演化过程。目前中国的产业结构重心已经实现了从第一产业向第二、三产业的高级化转变。虽然因国家经济发展特定阶段的限制，工业部门的扩张难以避免，但产业结构高级化，尤其是第三产业部门的高质量扩张对国家经济的长远发展以及能源效率的改善具有关键作用。因此，结合中国经济转型调整和快速城市化进程特点，大力发展通信、金融、信息、教育等"低能耗""零排放"和"高附加值"产业，同时注意以交通物流为代表的"粗放型"服务业的治理和升级，进而形成多产业协同共进的新局面。

（3）产业结构绿色化。"绿色化"的概念于 2015 年 4 月首次出现在中央政治局会议上，成为与"新型工业化、城镇化、信息化、农业现代化"协同并列的国家战略。为此，本书创新的提出产业结构绿色化理念——即大力推进清洁技术和低碳产业的发展，提高绿色产业在整体产业结构中的比例和影响力。作为实现低碳绿色发展的重要基础和支撑，清洁技术产业的建设与发展已经成为当前世界各国发展战略中的重点。清洁技术和低碳产业的发展壮大，既能够对我国经济发展模式战略性转变起到重要的支撑作用，更能够引领我国在低碳经济时代可持续发展的战略方向，并直接关系到我国在处理国际政治经济问题中的地位与影响力。

7.2.3 贸易结构调整

贸易结构与产业结构之间具有共同发展、相互制约、彼此促进关系。产业结构调整有利于促进贸易结构的优化升级；反过来，国际贸易局势、贸易管制模式和产品需求变化也同样会对国内产品升级和产业调整产生相应的"倒逼机制"。中国出口导向型的经济发展战略和国际产业分工所处的位置，在一定程度上刺激了能源效率的恶化。为了改善进出口贸易带来的负面影响，需要结合短期行为和长期战略，优化提升我国的进出口贸易结构。

从短期来看，首先要限制能源消费系数高（即"两高一资"：高污染、高排放、资源型）产品的出口，积极鼓励低能耗系数产品国际市场的开发和拓展。同时，适当提高非能源密集型部门产品的出口和能源密集型部门产品的进口，增加服务业出口比重，从而通过贸易结构调整节约国内能源消费；另一方面，还需要积极引导我国经济由内需和外需共同推进，以实现科学全面协调和可持续的经济发展模式。

从长期来看，一方面需要在根本上改变我国产品在国际产业分工中的低端地位，提高高科技产品和服务在国际市场上的竞争力与市场份额，才能从根本上改变"粗放型"和"数量型"的出口带动模式，解决中国进出口贸易带来的能源净消耗与碳排放问题；另一方面，贸易结构的优化应该与以低碳经济为基本特征的产业升级相互融合，为构建节能导向型的国民经济和社会发展体系奠定牢固基础，形成贸易结构的优化与产业升级相互融合、有序共进的局面。

7.2.4 空间结构调整

中国正处于快速城镇化进程中，虽然从整体上，通过产业集聚、规模经济、配置效率优化和技术溢出等效应促进了能源综合利用的优化，但在城镇化进程中仍需要不断调整空间结构布局，提高城镇化水平和质量，促进城镇化向可持续的方向发展。大力发展现代高效都市产业和节能省地型住宅，加强人居环境建设，提升城镇整体功能和综合竞争力。

（1）城乡空间布局调整。积极适应中国经济的新常态，紧紧围绕实现更高质量的健康城镇化目标，以人的城镇化为核心，有序推进农业转移人口市民化。逐步形成分工明确、功能互补、等级有序的城镇体系和布局合理、集约高效、适度均衡的空间格局，实现大中小城市和小城镇协调发展。此外，实现城乡要素，尤其是能源资源的自由流动、平等交换和公共资源均衡配置，形成以城带乡、城乡一体的新型城乡关系。

（2）东中西部空间均衡。目前东部地区已经进入城镇化减速时期，而中西部地区仍处于城镇化加速时期，未来中国加快城镇化的主战场在中西部地区。中西部地区将成为未来中国推进城镇化和吸纳新增城镇人口的主要载体。

（3）城内空间布局优化。通过科学规划和设计，充分开发城市内部空间结构，提高资源利用效率、降低污染排放、促进服务业质量型发展。包括：充分规划城市地面、地下空间；优化城市内公共交通格局和运营效率；提高城市绿地、公园、森林面积和比重，进而充分利用起城市内有限空间资源、提高公共交通对私人交通的替代、提高"零碳"产业发展空间、改善居民出行方式和绿色消费理念，以全面提高城市能源效率的改善。

7.2.5 技术结构调整

在绿色技术转型推广方面，技术转型（technological transitions，TT）关注的不仅是技术创新如何产生的，更关注技术与社会相容共进的问题[158]。本书将此理念应用到各章的分析结果中，提出通过绿色技术转型促进中国经济的绿色增长。

一是注重技术结构调整。基于全生命周期理论，促进技术创新的重点领域向"绿色化"调整，大力推广"绿色技术"和"技术绿色化"，促进资源开发、高效利用、环境保护与生态建设技术的合理有序开发。

二是提高技术规模效率。一方面基于小规模技术创新理论和适用技术理论，结合中国经济发展阶段及特色禀赋，推动小规模、地方性绿色化技术创新；另一方面继续加大绿色创新成果产业化、规模化推广应用，以实现绿色技术的最优规模生产。

三是鼓励技术应用创新。促进绿色技术进步与绿色应用创新的协同演化，形成二者间协调响应、互动上升的"双螺旋结构"。

四是加大清洁科技投资。结合清洁技术产业发展特征，通过相关政策法规的制定，以及政府投资和采购的激励，不断扩充清洁技术产业空间，吸引大量优质"绿色投资"，促进绿色技术的研究、开发和规模化应用。

7.2.6 投资结构调整

在投资结构方面，积极推动利用外资的目标从"重规模"向"重质量""重结构"和"重效率"转换，以放大外资的技术溢出和促进产业升级的积极效应。

参考借鉴印度尼西亚"负面清单管理"的成功经验（详细内容参见本书附录部分），加强对外商直接投资的系统化管理，包括直接投资的来源、规模、投资项目、投资期限、收益和撤资方式等，使之更加注重投资低能耗产业或使用低能耗技术。

具体来说，中国应以发展低碳经济为目标，修订外商投资产业指导目录，引导和鼓励外商直接投资向低能耗产业倾斜；在产业结构上，应该对外资在工业领域的投资加以严格管理，并重点引向第三产业，与国家产业结构调整政策保持一致；在地区结构上，对外资把其高能耗、高排放企业转移到中国的中西部地区要严加限制；同时，对节能技术含量高的对华 FDI 在税收和补贴等政策方面予以适当鼓励。

7.2.7 能效治理优化

大力提高国家能源效率治理水平，构建现代能源效率治理体系，发挥管理质量提升和制度优化所带来的"改革红利"，扩大政府在能源效率治理中的积极作用，通过以下几个方面促进治理能力的优化。

（1）绿色治理理念。首先需要注重绿色治理理念的塑造，包括紧跟国际最新的能源气候治理导向。例如，英国就是最先意识到了"碳"的价值，而成为国际上"碳"管理和交易的领先国家。其次要转换思路，由"末端治理"向"源头控制"转变。最后，从全生命周期的视角出发，将绿色治理应用于生产生活的方方面面。

（2）绿色治理目标。应根据现阶段工业化的典型特征，因时制宜，制定有质量的经济增长、产业结构优化、技术进步与能源效率提升的科学发展目标。通过"目标导向"积极作用的发挥，提高绿色治理绩效。

（3）绿色治理手段。从内部治理的角度，积极推动能源气候治理过程中的公共参与，形成"顶层设计"与"底层设计"的两性互动、和谐同进；从利益相关者的视角出发，构建"政、产、学、研、金"的战略联盟与合作机制，充分发挥非政府组织、非营利组织和相关企业在能源气候治理中的积极作用；从外部治理的角度，积极参与国际政府间和 G20 的"能源气候治理网络"，不断提高全球治理中的地位和影响力。

（4）绿色治理能力。根据治理理论的观点，国家治理是管理质量和制度水平的综合体现，而治理能力则是治理水平提高的根本与核心。通过绿色治理能力建设，促进国家综合治理水平的提高，成为国民经济实现绿色转型迈向绿色增长的关键路径。一是不断提高非技术创新的水平和层级，主要包括绿色制度创新、绿色管理创新、绿色社会创新和绿色组织创新。通过非技术创新水平的优化，形成我国绿色治理能力提升的源泉和保障。二是合理构建治理绩效评估机制，参考世界治理指数（WGI）评价思路与模式，科学合理确定国家治理质量动态评价体系、选择治理水平主客观评价指标、明确治理绩效多维评估方法等。

7.3 研究展望

7.3.1 研究局限

本书的研究局限主要包括以下几个方面。

（1）指标数据历史性缺失。由于东欧剧变和苏联解体等重大政治事件的发生，使得作为"转轨经济"的俄罗斯，其统计数据的历史年限十分有限。最早的官方权威统计只能追溯到 1989 年，因此对整体分析的基期选择和长期趋势讨论带来较大限制。

（2）代理变量有效性问题。目前对能源效率分析中，投入、产出变量的选择和指标处理方式会根据研究目标和设计的特点略有出入。此外，根据不同研究对象和分析重点，对效率影响因素的识别和相关代理变量的选择也同样存在差异性。

（3）研究结果的推广意义。本书的研究重点是基于国际上二十个主要经济体（G20）的比较分析，样本容量较为有限，且样本中国家均代表了世界上主要发达和新兴经济体，观察对象经济总量相对较大。因此，本书的研究结论对其他国家的推广可能会受到一定的影响。

7.3.2　研究展望

（1）其他因素探讨。在未来的研究中，一是有针对性地选择"专项"影响因素进行效率影响测度，例如二次能源结构中的电气化水平和电力系统内部结构对效率的影响；二是通过相关数据的收集、整理和处理，补充代理变量，形成对能源效率研究中其他重点假说的检验，包括"波特假说""能源（资源）诅咒""回弹效应（杰文斯悖论）"；三是利用超效率 DEA 与全局 ML 指数 Ziflo 分解模型的结合，从配置效率、技术进步、规模效率和技术规模四个维度，探讨二十国集团各国能源效率的内生驱动情况。

（2）案例研究深化。在未来研究中，一是按照科研案例和教学案例的思路与写作形式，对相关国家或具体产业/部门进行更为系统和深入的分析；二是选择典型"失败"国家作为"反面"案例素材。通过"失败案例"的解读和"解毒"，从中吸取的经验和教训。

（3）中等效率陷阱。在本研究中，首次提出了能源效率领域中可能存在的"中等效率陷阱"，以及欠发达国家摆脱"效率贫困陷阱"

的可能。未来的研究可以继续深化相关的讨论，明确提出"中等效率"和"效率贫困"的界限，以及利用更多的国家样本和更长的研究时限，对"中等效率陷阱"进行讨论和分析。

（4）扩大样本容量。在未来的研究中，为了进一步充实和丰富研究对象，提高研究结论的推广意义，将会继续在二十国集团的基础上，继续将观察范围扩大至其他相关集团和组织。

附录　典型国家效率提升的实践

根据环境约束下的能源效率评价及增长速度测算，识别出"标杆型国家"和"追赶型国家"。结合本书的基础数据和相关文献资料，对以美国、英国、法国、巴西为代表的"标杆型国家"和以韩国、俄罗斯、印度尼西亚为代表的"追赶型国家"的能源效率提升和管理特色实践进行分析，并有针对性地列举出各国比较有代表性的相关实践进行简要总结。

1. 美国：禀赋结构

根据本书的统计数据和分析结果，美国的禀赋结构水平（劳动力人均资本占有量）在二十国集团中最高，资本深化程度最大，资本积累数量最多。在国家经济发展中，美国政府一直注重对资本的高效利用，确定最有战略意义且适合自身禀赋特征的产业方向和技术重点。为了摆脱对国际石油能源的依赖、遏制国内碳排放产生的环境影响、刺激经济增长，美国在国际上率先开展了以清洁技术为主导的绿色技术投资，并辅以相关政策法规，大力推动绿色科技和绿色产业发展壮大，尤其是能源气候领域的科技创新与商业化应用。

随着以石油为代表的常规不可再生资源竞争的加剧和气候变化压力的增加，以新能源、高效节能、环境保护、清洁生产为代表的清洁技术，日益成为推进节能减排、促进新一轮经济增长、提高就业、形成新的创新集聚的潜在催化剂。以资源生产革命为特征的创新浪潮，将成为继以信息技术革命为内容的第六次创新长波。清洁技术（cleantech）一词在 2001 年左右开始普遍使用，是由联合国"清洁的技术

（clean technology）"衍生而来。美国创业投资界首先使用"清洁技术"一词，最初是指清洁技术领域内融资和投资的资产类别，特别是创业投资。清洁技术产业是指应用清洁技术减少环境污染、降低资源依赖、满足人类环境需求，为社会、经济可持续发展提供产品、工艺和服务支持的产业，其根本宗旨是在不断降低甚至消除环境影响的前提下提高资源产出水平，形成负责任的资源使用模式[159]。从技术构成上看，清洁科技仍以能源气候领域相关技术为主。

20世纪末开始，为了摆脱石油外部依赖，刺激经济增长和就业，促进排放削减，美国政府已经开始重点关注清洁技术产业的发展，并不断加大政府部门的清洁技术产业直接投资和政策引导。通过政府引导的杠杆作用（政府投资和政府采购），不断吸引民间投资和风险投资进入清洁技术领域。以风险投资为例，对清洁技术领域的风险投资占全部投资比例的份额由2006年的5%迅速提高到2008年的15%，甚至在金融危机期间对清洁科技的风险投资也超过风险投资增长的平均水平。相应的，风险投资额由2003年2.71亿美元迅速增长到2008年的41.15亿美元。到2010年，清洁技术已经成为美国最受创业资本和风险投资家欢迎的资产类别。

经过了十余年的发展，根据2015年《绿色创新指数》（*Green Innovation Index*），美国已经成为目前世界上清洁科技投资、绿色专利、可再生能源发电和电动汽车应用的世界第一大国[160]。美国通过全球最大规模的清洁技术投资和绿色金融，通过政府投资吸引民间资本和风险投资，促进了整体的产业选择和技术构成，有效推动了节能环保行业的快速发展，进而保证了"节能""减排""就业"与"经济增长"并进的"四驱增长模式"，有效地实现了能源效率的优化和提高。

2. 英国：制度建设

英国在能源效率方面，无论是纯经济效率（表现为能源强度：单位 GDP 能耗），还是在本书中环境约束下的能源效率，都处于二十国集团的领先地位。实际上，英国在能源气候治理，尤其是相关制度建设上一直处于世界领先地位。[161]

（1）治理理念先进。早在 1989 年，英国在《电力法案》中就明确提出，非化石能源要在电力供应中占有一定的比例和数量；该法案也因此成为新能源立法的源头。2003 年，英国政府在全球范围内率先提出了"低碳经济"理念，最早意识到"碳"经济的重要影响。此外，英国也是世界上第一个将温室气体减排目标进行法律规制的国家，是第一个实施"碳预算"（carbon budget）的国家，也是第一个对"碳捕获与封存"（carbon capture & storage，CCS）商业化予以明确立法的国家。因此，可以称得上是能源气候治理领域内，政府治理理念先进的典范。

（2）治理框架完善。英国政府对能源气候治理的框架，从形式上看，既包括了"软性"的规章制度，又包括了"硬性"的法律法规；从内容上看，即包括了能源资源的高效利用，又重点关注碳排放的削减和捕集；从手段上看，既包括了政府支持，又包括了市场化调节。

（3）治理模式先进。英国为了实现经济社会结构循环式发展，从"末端治理"转变为通过制定标准来避免产生环境污染，据此形成环境影响评价体系、综合污染控制和环境管理标准，在此基础上形成充分的公众参与、一体化的链式管理体系、市场激励手段等并行的资源管理战略。政府对碳排放管理的职能公共化、污染物产生者的责任主体化以及碳捕集交换服务市场化等管理手段的实施，对推动国家能源综合效率的提高以及排放控制和治理都起到了积极作用。

对英国能源气候治理的相关法律法规和主要内容的总结见附表 1。

附表 1　　　　　　　　英国能源气候治理政策法规概览

年份	名称	性质
2000	能源：正在变化的气候（Energy—The Changing Climate）	政策文件
2002	能源评估（The Energy Review）	政策文件
2003	我们能源未来：创造低碳经济 （Our Energy Future：Creating a LoCarbon Economy）	政策文件

续表

年份	名称	性质
2006	能源挑战（The Energy Challenge）；气候变化：英国方案（Climate Change：the UK Programme）	政策文件
2007	应对能源挑战：能源白皮书（Meeting the Energy Challenge：A White Paper on Energy）；低碳经济中的权力（Power in a Low Carbon Economy）	政策文件
2008	应对能源挑战：核电白皮书（Meeting the Energy Challenge：A White Paper on Nuclear Power）	政策文件
2008	2008年英国能源法案（UK Energy Act 2008）； 2008年英国气候变化法（UK Climate Change Act 2008）	法律法规
2009	英国低碳转型计划：国家气候和能源战略（The UK Low Carbon Transition Plan：National Strategy for Climate and Energy 2009）；英国可再生能源战略（UK Renewable Energy Strategy）	政策文件
2009	新建电站"碳捕获准备"（Carbon Capture Ready，CCR）设备的安装，以便为"碳捕获与封存"的技术改造提供基础；	法律法规
2010	2010年英国能源法（UK Energy Act 2010）	法律法规

3. 法国：能源结构

不可否认的是，欧盟具有世界领先的绿色发展与低碳经济理念、完善的能源气候管理模式，以及一流的能源效率水平。而在其能源气候治理中，替代能源和清洁能源的开发利用、能源综合效率的提高优化、温室气体排放的大幅削减则是欧盟绿色发展中的核心目标。作为欧盟成员国的优秀代表，法国在能源结构调整方面做出了积极的表率作用，有效地推动了国家能源效率的优化。

法国的能源禀赋相对于其他国家而言并不丰富，尤其是化石能源资源尤其贫瘠。20世纪70年代石油危机的爆发，成为法国能源结构调整的"导火索"，国家政府将能源结构调整作为能源政策的重点，包括一次能源消费中低碳绿色能源比重的提高和电力生产中清洁能源的使用。而这其中，核能与氢能的大规模开发和应用成为主要的驱动因素，形成了核能替代的"法国模式"[162]。在此期间，煤炭在能源消费中的比例迅速下降，到2004年全国已经关停了所有的煤场；核能发电比例迅速上升，到2009年，全国58家核电厂形成了63GW的装机总量，成为世界第一大核能生产和出口大国，在满足国内供给的同时，还形成了能源输出创汇。

通过对核能和可再生能源的充分利用，法国走出了一条多元化的能源供应道路，在使国内能源不足的压力得到有效缓解的同时，也有效地形成了碳排放控制。在 2015 年度全球能源架构绩效指数（EAPI）报告中，法国位列第三（仅次于瑞士和挪威），成为欧盟 14 国中的领先国家，特别是在环境可持续发展与能源获取和能源安全项目上获得了较高的得分[163]。而这一成就，主要归功于法国能源结构的优化和调整。从世界银行等国际能源消费统计数据来看，法国是二十国集团中化石能源消费比例最低、清洁能源消费比例最高的国家（2010 年清洁能源消费比例为 50.15%），并因此塑造起了"法国模式"。

但是，法国的能源结构中核能比重依然过高，并因此引起了公众的质疑和反对。尤其是 2011 年 3 月，在日本福岛核事故发生之后，法国民众对本国核安全性表示担忧。同时，欧洲各国也都逐渐大力发展非核能绿色能源。在此背景下，法国也同样开始向"去核、无核化"的方向转变。2014 年 10 月，众议院通过法国《能源转型法案》，继续在总量控制的基础上，通过"调结构"来优化本国能源构成——计划到 2025 年，将核能发电量占全国用电量的比例从 75% 削减到 50%，并将核能发电量限制在当前 $6320 \times 10^4 kW$ 的水平；到 2030 年，可再生能源占终端能源消费量的比例从 2012 年的 13.7% 提高到 32%。

4. 巴西：空间结构

巴西作为金砖国家和其他发展中国家的优秀代表，其绿色低碳的能源结构备受好评。除此之外，巴西的库里蒂巴，一座经济欠发达的城市，成功地克服了由城市规模扩张而导致的城市病和负面影响，成为资源环境友好型的人居城市，并且成为唯一一个被联合国认定的发展中国家"全球十大绿色城市"。该案例的分析将为中国和其他发展中国家的城市绿色发展、实现城市能源环境高效提供案例指导。

一是快速公共交通。库里蒂巴建成了世界上最高的快速公交系统，整个巴士公交系统每天 200 万人次的运能几乎相当于半个纽约地铁。快速公交系统设立中央公交专用双向车道，两边用隔离栏与普通车道区隔开来，禁止普通社会车辆进入。库里蒂巴快速公交包括 7 类不同的子系统；波哥大的快速公交系统则由主干线线路车辆和支线线路车辆组成，主干线线路的车辆在中央公交专用车道上行驶，支线线路与主干线之间相互连接，支线线路车辆与普通车辆在普通道路上行驶。快速公交系统的运营，有效提高了快速公交系统的运行效率。库里蒂巴和波哥大的快速公交系统都采取主干线封闭运行的模式，且根据不同时段，设定相应班次。高效率的公共交通系统，极大提高了城市居民公共出行比例，其公共交通承担了全市交通出行总量的 68%，与1970 年相比，人口翻番，交通压力却下降了 30%，燃油消耗比其他类似规模的城市低 30%，有效地减少了能源浪费，提高了能源使用的规模效率。

二是绿色空间计划。库里蒂巴有 35 个公园，超过 1000 块保护地，如树林、园林和微型公园等，公园用地面积占城市用地的比例超过20%，远高于美国城市的 8.1%，城市绿地面积从人均不足 1.2 平方米提高到当前的 64.2 平方米。在推进绿色空间计划过程中，仅在 1998 ~2000 年的 3 年里，就恢复了占城市绿地面积一半的公园，共计约 1200座，还规划建设了 120 千米的步行空间系统，包括小型广场、人行道系统、步行道路、建筑与道路间的带状绿地、散步道、公园路等，还附属建设了路灯、绿化和雕塑城市小品等，极大地丰富了城市的步行空间[164]。该举措形成了"双重红利"——对二氧化碳等温室气体的有效吸收以及促进了居民"绿色出行"的便利性，有效地降低了能源使用以及二氧化碳排放。

5. 俄罗斯：产业结构

本研究的结果表明，在二十国集团中，俄罗斯能源效率在 2000 ~ 2010 年间提升速度最为显著。因此，本书将俄罗斯作为案例国家样本之一进行分析，探讨俄罗斯成功的要因。通过对相关资料的梳理和分析，提炼出俄罗斯近年来全面提升本国能源效率的关键路径——产业结构内部调整。

虽然已经进入"工业化后期"，但从国际范围来看，俄罗斯的工业部门仍具有较大的比较优势，在部分行业与产品上，还具有绝对比较优势。为了进一步提高本国资源保障能力，降低对能源资源依赖，并进一步为第三产业优化升级提供支持，俄罗斯自 2003 年起，正式将产业结构调整确定为国家战略重点，尤其是第二产业中工业部门的结构优化成为重中之重[165]。

根据"再工业化理论"，俄罗斯并非单纯地关注三次产业之间的比例关系，而是重点关注工业内部的结构重组、升级和现代化。即通过大力发展高新技术产业，以及利用高新技术产业改造传统产业，促进传统工业部门的创新化发展，降低工业部门的能源依赖和污染排放，提高整体效率水平。工业部门的创新发展和重构升级，同时也会为第一、第三产业的优化提供有力支持，并为生产性服务业创造更多的发展空间和机会，形成节能减排和经济发展的"连锁反应"。

在产业内结构调整升级的同时，俄罗斯政府也积极地推动出口结构调整和优化，以改变油气输出的单一出口结构，大力支持和推动工业产品和高科技产品的出口。

6. 印度尼西亚：外资管理

印度尼西亚在观测期内以较快的速度实现了能源效率的提升，并成为其他发展中国家组的"佼佼者"。与此同时，印度尼西亚的 FDI 净流入量也实现了跨越式的增长，其增长幅度和规模在二十国集团中仅次于沙特阿拉伯。据联合国贸发会发布的《2013—2015 年世界投资前景调查报告》，在全球最具吸引力的 19 个投资目的地中，印度尼西亚全球排名第四，仅次于中国、美国和印度。而外资利用和导向的日趋合理，也充分发挥了 FDI 对印度尼西亚能源效率的改善。根据扬（Yang）[166] 等在 2012 针对印度尼西亚 FDI 与能源效率的研究发现，外商投资企业的综合能效水平显著高于本国同类企业水平。外资流入通过清洁技术的溢出与扩散，有效促进了整体制造业能源强度的下降。

印度尼西亚是发展中大国，也是最大的东盟国家，其微观经济政策保守，产业结构以劳动密集型为主的制造业拉动出口增长逐渐向资本密集型和服务业转变。印度尼西亚投资政策改革背景与我国相似，同样面临着政策和经济改革的双重压力。为了在扩大外资规模的同时，扩大外资对国家节能环保的积极效应，印度尼西亚政府在 2000～2010 年间不断调整外商直接投资管理，并形成了极具特色的"负面清单"模式。

印度尼西亚投资管理制度建设大致可分为三个阶段。第一个阶段是"正面清单"模式，即对外商投资采取准入"正面清单"方式，提供鼓励行业的名单；第二个阶段是 1995 年开始以"负面清单"方式单独对外商投资列出外资禁止投资行业；第三个阶段是《投资法》对内外资一视同仁，同时相应修订了内外资通用的"负面清单"。"负面清单"于 2000 年、2007 年和 2010 年分别进行了大幅修改，通过对这三版清单关键内容与形式的直观比较，可发现其立法技术和开放程度的变化。从历史发展的角度看，印度尼西亚的"负面清单"不仅在内容上不断减少行业准入禁止，对于限制的行业规定也在不断细化。该举措一方面使得市场游戏规则更加透明，投资更有保障；另一方面，也对外商投资的重点领域和方向起到了明确的导向作用，使得外商投资结构和重点更加符合本国经济产业优化方向。

相应的，外资结构的变化出现了以下几个特点：投资规模中第一、二产业逐渐缩小，第三产业比重不断扩大；资本和技术密集型行业外资比重迅速扩大；制造业中技术层次较高、高增值变化趋势突出，而传统制造业比重大幅下降，新兴行业，尤其是电子、通信设备的增长速度不断加快[167]。因此，印度尼西亚逐步摆脱对初级产品的依赖，发展第三产业和产业结构的多元化带动了促进了综合能源效率的提高。

7. 韩国：贸易结构

作为东亚经济腾飞和绿色增长的典范，韩国的经济发展也体现出了较为明显的"政府主导"和"出口导向"的特征。但其国际贸易中进出口结构的特征，以及近年来出口结构的调整、优化和升级，对国家实现环境约束下能源效率的改善起到了积极作用。

韩国于20世纪60年代即开始大力推行"贸易立国"的宏观战略，推行出口导向型发展路径，在短短半个世纪的时间内，由战争贫国成为位居世界第八位贸易规模（2014年上半年为基准）的经济强国，创造了"汉江奇迹"。韩国本身是资源贫国，能源原料的对外依存度极高（例如石油的对外依存度在90%以上），并且在20世纪80年代也出现了国内环境急剧恶化的困境。为了摆脱经济增长的资源、环境尾效，韩国开始通过加工贸易的转型升级带动出口结构的改善，不断提高能源的综合利用水平，降低能源依赖、减轻环境影响、控制温室气体排放。

从韩国的贸易结构演变过程来看，由于韩国本土原材料匮乏，因此一直依赖原料进口，至今仍维持以能源、原材料、资本品为主的进口结构。但值得注意的是，为了提高对抗国际油价波动、降低对原材料尤其是一次能源的依赖，韩国也通过积极提高能源使用效率和多元化战略来应对压力。以原油为例，其占进口产品比例已经由1980年的25.7%下降为2004年的13.3%。

相比进口结构，在过去的几十年间，韩国的出口结构则快速地实现了"高级化"，并不断向"绿色化"转型。具体来说，20世纪60年代，是以纺织品和轻工业品为主的"劳动密集型"出口结构；70年代开始逐渐缩小轻工业品的出口规模，逐渐向重化工业产品转移；到80年代，以资本密集为特征的重化工业产品已经成为韩国出口的重心；90年代开始，韩国政府鼓励自主创新研发，不断提高科技型产品的国际竞争优势，逐渐开始向技术密集和知识密集型出口结构调整；进入21世纪以来，随着资源约束和环境影响压力增大，韩国政府开始支持以清洁技术为代表的环境产业出口，并积极推动资本输出，形成其出口结构的优化转型和升级调整。

经过半个世纪的发展，韩国出口加工贸易已经摆脱国外加工组装技术和设备与本国廉价劳动力和优惠政策的简单组合，通过劳动密集型→资本密集型→技术密集型→高新技术密集型的"三连跳"，逐渐摆脱了出口贸易对能源资源的高度依赖，其出口产品的技术自主研发能力、产品增值程度以及产品层次和结构都有了很大提高。尤其是进入21世纪以来，韩国出口在高新技术产品的基础上，不断开发推动环境产业出口以及资本输出。2012年，韩国环境产业的出口额达到7.3013万亿韩元，相比2010年增加了46.7%，显示出高增长趋势（见附表2）[168]。

附表2　　　　　　　　　　韩国出口结构演化概括

时间	出口产品结构	出口模式特征
20世纪60年代	胶合板、针织套衫	劳动密集型
20世纪70年代	纤维、鞋等轻工业产品和重化工产品	劳动密集型 + 资本密集型
20世纪80年代	重化工业产品为主 （钢铁板、船舶、音响机器、人造纤维、橡胶制品、木材类、影像机器、半导体）	资本密集型
20世纪90年代	高新技术产品 （计算机、机电产品、船舶、汽车零部件）	技术密集型 + 知识密集型
21世纪	自主研发产品、环境产业出口 （水、资源循环、环境成套设备等）	高新技术密集型 + 绿色环保技术 + 资本输出

参 考 文 献

［1］廖华，魏一鸣．中国中长期宏观节能潜力分析：国际比较与国际经验．中国软科学，2011（3）：23－32.

［2］Levin K，Cashore B，Bernstein S，et al. Overcoming the tragedy of super wicked problems：constraining our future selves to ameliorate global climate change［J］. Policy Sciences，2012，45（2）：123－152.

［3］王晓岭，武春友．低碳型产业创新网络的构建——来自黑龙江庆华新能源战略产业园的实证研究［J］．当代经济管理，2011，33（10）：25－30.

［4］Ayukawa Y，Naoyuki Y，Chen D M，et al. Climate solutions：WWF's vision for 2050［J］. Climate Solutions Wwfs Vision for，2008.

［5］Edmonds J A，Wise M W，Dooley J J，et al. Global energy technology strategy：Addressing climate change phase 2-Findings from an international public-private sponsored research program［J］. Battetlle Memorial Institute College Park Md United States，2007.

［6］Metz B，Davidson O R，Bosch P R，et al. Contribution of working group Iii to the Fourth Assessment Report of the Intergovernmental Panel on Climate Change［J］. Philosophy，2007：171 - 175.

［7］Pacala S，Socolow R. Stabilization wedges：Solving the climate problem for the next 50 years with current technologies［J］. Science，2004，305（5686）：968－972.

［8］Wei C，Ni J L，Sheng M H. China's energy inefficiency：A cross-country comparison［J］. Social Science Journal，2011，48（3）：

478 – 488.

[9] G20. The Seoul Summit Document: Seoul Declaration [R]. Seoul, 2010.

[10] Song M L, Zhang L L, Liu W, et al. Bootstrap-DEA analysis of BRICS' energy efficiency based on small sample data [J]. Applied Energy, 2013, 112: 1049 – 1055.

[11] European Communities (EC) . Panorama of energy: energy statistics to support EU policies and solutions. Eurostat, Statistical Books [M]. Office for Official Publications of the European Communities, Luxembourg; 2009.

[12] Bunse K, Vodicka M, Schonsleben P, et al. Integrating energy efficiency performance in production management-gap analysis between industrial needs and scientific literature [J]. Journal of Cleaner Production, 2011, 19 (6 – 7): 667 – 679.

[13] Company B P. BP statistical review of world energy. [J]. London England British Petroleum Company, 2013.

[14] International Energy Agency. World Energy Outlook 2007: China and India insights [R]. Sourceoecd Energy, 2007.

[15] Expert Group on Energy Efficiency. Realizing the potential of energy efficiency: Targets, policies, and measures for G8 countries [R]. United Nations Foundation, Washington, DC, 2007.

[16] 国家发改委能源研究所. 2050 中国能源和碳排放报告 [R]. 科学出版社, 2009.

[17] 魏一鸣, 廖华. 能源效率的七类测度指标及其测度方法 [J]. 中国软科学, 2010, 01: 128 – 137.

[18] Gunn C. Energy efficiency vs economic efficiency? New Zealand electricity sector reform in the context of the national energy policy objective [J]. Energy Policy, 1997, 25 (2): 241 – 254.

［19］汪克亮等．能源经济效率、能源环境绩效与区域经济增长 ［J］．管理科学，2013，26（3）：86－99．

［20］王晓岭，于惊涛，武春友．国际资源效率研究进展与演化趋势述评．管理学报，2013，10（9）：1－8．

［21］Sueyoshi T，Goto M. DEA radial measurement for environmental assessment and planning：Desirable procedures to evaluate fossil fuel power plants ［J］. Energy Policy，2012，41：422－432．

［22］Honma S，Hu J L. Total-factor energy efficiency for sectors in Japan ［J］. Energy Sources Part B-Economics Planning and Policy，2013，8（2）：130－136．

［23］Honma S，Hu J L. Total-factor energy efficiency of regions in Japan ［J］. Energy Policy，2008（36）：21－833．

［24］Adetutu M O. Energy efficiency and capital-energy substitutability：Evidence from four OPEC countries ［J］. Applied Energy，2014，119：363－370．

［25］武春友，赵奥，卢小丽．中国不可再生能源全生命周期效率评价研究 ［J］．科研管理，2012（2）：147－155．

［26］黄德春，董宇怡，刘炳胜．基于三阶段 DEA 模型中国区域能源效率分析 ［J］．资源科学，2012（4）：688－695．

［27］Taylor P G，D'ortigue O L，Francoeur M，et al. Final energy use in IEA countries：The role of energy efficiency ［J］. Energy Policy，2010，38（11）：6463－6474．

［28］Ang B W. Monitoring changes in economy-wide energy efficiency：From energy-GDP ratio to composite efficiency index ［J］. Energy Policy，2006，34（5）：574－582．

［29］Seiford L M，Zhu J. A response to comments on modeling undesirable factors in efficiency evaluation ［J］. European Journal of Operational Research，2005，161（2）：579－581．

［30］Zhou P，Ang B W. Linear programming models for measuring e-conomy-wide energy efficiency performance［J］. Energy Policy，2008，36（8）：2911 – 2916.

［31］宋马林，曹秀芬，吴杰. 一个新的考虑非期望产出的非径向——双目标 DEA 模型［J］. 管理科学，2011（4）：113 – 120.

［32］Li L B，Hu J L. Ecological total-factor energy efficiency of regions in China［J］. Energy Policy，2012（46）：216 – 224.

［33］Patterson M G. What is energy efficiency? Concepts，indicators and methodological issues［J］. Energy Policy，1996，24（5）：377 – 390.

［34］Hu J L，Wang S C. Total-factor energy efficiency of regions in China［J］. Energy Policy，2006，34（17）：3206 – 3217.

［35］汪克亮，杨宝臣，杨力. 中国能源利用的经济效率、环境绩效与节能减排潜力［J］. 经济管理，2010，32（10）：1 – 9.

［36］彭国华. 中国地区收入差距、全要素生产率及其收敛分析［J］. 经济研究，2005（9）：19 – 29.

［37］许广月. 碳强度俱乐部收敛性：理论与证据——兼论中国碳强度降低目标的合理性和可行性［J］. 管理评论，2013（4）：48 – 58.

［38］Mielnik O，Goldemberg J. Converging to a common pattern of energy use in developing and industrialized countries［J］. Energy Policy，2000，28（8）：503 – 508.

［39］Markandya A，Pedroso-Galinato S，Streimikiene D. Energy intensity in transition economies：Is there convergence towards the EU average?［J］. Energy Economics，2006，28（1）：121 – 145.

［40］Ezcurra R. Distribution dynamics of energy intensities：A cross-country analysis［J］. Energy Policy，2007，35（10）：5254 – 5259.

［41］Le Pen Y，Sevi B. On the non-convergence of energy intensities：Evidence from a pair-wise econometric approach［J］. Ecological Economics，2010，69（3）：641 – 650.

［42］Stern D I. Modeling international trends in energy efficiency ［J］. Energy Economics，2012，34（6）：2200 – 2208.

［43］王兆华等. 中国典型区域全要素能源效率变动走向及趋同性分析——以八大经济区为例 ［J］. 北京理工大学学报（社会科学版），2013，15（5）：1 – 9，22.

［44］屈小娥. 中国工业行业环境技术效率研究 ［J］. 经济学家，2014，07：55 – 65.

［45］Sun C Z, Zhao L S, Zou W, et al. Water resource utilization efficiency and spatial spillover effects in China ［J］. Journal of Geographical Sciences，2014，24（5）：771 – 788.

［46］Pan X F, Liu Q, Peng X X. Spatial club convergence of regional energy efficiency in China ［J］. Ecological Indicators，2015，51：25 – 30.

［47］赵金楼. 我国能源效率地区差异及收敛性分析——基于随机前沿分析和面板单位根的实证研究 ［J］. 中国管理科学，2013，4（2）：175 – 184.

［48］Cornillie J, Fankhauser S. The Energy Intensity of Transition Countries ［J］. Energy Economics，2004，26（3）：283 – 295.

［49］王俊杰，史丹，张成. 能源价格对能源效率的影响——基于全球数据的实证分析 ［J］. 经济管理，2014，36（12）：13 – 23.

［50］孔婷，孙林岩，何哲，孙荣庭. 能源价格对制造业能源强度调节效应的实证研究 ［J］. 管理科学，2008（3）：2 – 8.

［51］Vlahinic-Dizdarevic N, Segota A. Total-factor energy efficiency in the EU countries ［J］. Zbornik Radova Ekonomskog Fakulteta U Rijeci-Proceedings of Rijeka Faculty of Economics，2012，30（2）：247 – 265.

［52］Ma C, Stern D I. China's changing energy intensity trend：A decomposition analysis ［J］. Energy Economics，2008，30（3）：1037 – 1053.

［53］Menegaki A N. Growth and renewable energy in Europe：A random effect model with evidence for neutrality hypothesis [J]. Energy Economics, 2011, 33 (2): 257 – 263.

[54] 臧洪, 丰超, 周肖肖. 绿色生产技术、规模、管理与能源利用效率——基于全局 DEA 的实证研究 [J]. 工业技术经济, 2015 (1): 145 – 154.

[55] Wei Y M, Liang Q M, Fan Y, et al. A scenario analysis of energy requirements and energy intensity for China's rapidly developing society in the year 2020 [J]. Technological Forecasting and Social Change, 2006, 73 (4): 405 – 421.

[56] 宣烨, 周绍东. 技术创新、回报效应与中国工业行业的能源效率 [J]. 财贸经济, 2011 (1): 116 – 121.

[57] 胡根华, 秦嗣毅. "金砖国家" 全要素能源效率的比较研究——基于 DEA-Tobit 模型 [J]. 资源科学, 2012, 34 (3): 533 – 540.

[58] 董锋, 谭清美, 周德群, 李晓晖. 技术进步对能源效率的影响——基于考虑环境因素的全要素生产率指数和面板计量分析 [J]. 科学学与科学技术管理, 2010 (6): 53 – 58.

[59] 史丹. 我国经济增长过程中能源利用效率的改进 [J]. 经济研究, 2002 (9): 49 – 56.

[60] 李兰冰. 中国全要素能源效率评价与解构——基于 "管理—环境" 双重视角 [J]. 中国工业经济, 2012 (6): 57 – 69.

[61] 王晓岭, 武春友, 赵奥. 中国城市化与能源强度关系的交互动态响应分析 [J]. 中国人口资源与环境, 2012 (5): 147 – 152.

[62] 师博, 沈坤荣. 城市化、产业集聚与 EBM 能源效率 [J]. 产业经济研究, 2012 (6): 10 – 16, 67.

[63] 陈军, 成金华. 内生创新、人文发展与中国的能源效率 [J]. 中国人口·资源与环境, 2010 (4): 57 – 62.

[64] 师博, 沈坤荣. 政府干预、经济集聚与能源效率 [J]. 管理世界, 2013 (10): 6 – 18, 187.

［65］Schleich J, Gruber E. Beyond case studies：Barriers to energy efficiency in commerce and the services sector ［J］. Energy Economics, 2008, 30（2）：449 - 464.

［66］Afonso A, St Aubyn M. Public and private inputs in aggregate production and growth：a cross-country efficiency approach ［J］. Applied Economics, 2013, 45（32）：4487 - 4502.

［67］仲伟周, 王军. 地方政府行为激励与我国地区能源效率研究 ［J］. 管理世界, 2010（6）：171 - 172.

［68］北京师范大学政府管理研究院. 2012 中国省级地方政府效率研究报告——消除社会鸿沟 ［M］. 北京：2012.

［69］吴荻, 武春友. 管理能力与能源效率提升的动态响应关系研究 ［J］. 统计与决策, 2014（16）：124 - 127.

［70］冯烽. 内生视角下能源价格、技术进步对能源效率的变动效应研究——基于 PVAR 模型 ［J］. 管理评论, 2015（4）：38 - 47.

［71］James A. Brandera, M. Scott Taylorb. Open access renewable resources：Trade and trade policy in a two-country Model ［J］. Journal of International Economics, 1998, 44：181 - 209.

［72］Ugursal V I. Energy use and changing energy policies of Trinidad and Tobago ［J］. Energy Policy, 2011, 39（10）：5791 - 5794.

［73］Steelman T, Ascher W. Public Involvement methods in natural resource policy making：Advantages, Disadvantages and Trade-offs ［J］. Policy Sciences 1997, 30：71 - 90.

［74］European Environment Agency. Resource Efficiency in Europe：Policies and Approaches in 31 EEA Member and Cooperating Countries ［R］. Denmark, 2011.

［75］Hotta Y. Is Resource efficiency a solution for sustainability challenges? -Japan's Sustainable Strategy ［J］. Surveys and Perspectives Integrating Environment and Society, 2011, 4（2）：4 - 12.

[76] Bahn-Walkowiak B，Bleischwitz R，Bringezu S，et al. Resource Efficiency：Japan and Europe at the Forefront-Synopsis of the project and conference results and outlook on a Japanese-German cooperation [R]. Federal Environment Agency：Dessau-Roβlau.，2008.

[77] 金培振，张亚斌，李激扬. 能源效率与节能潜力的国际比较——以中国与 OECD 国家为例 [J]. 世界经济研究，2011（1）：21 - 87.

[78] Simsek N. Energy efficiency with undesirable output at the economy-wide level：cross country comparison in OECD sample [J]. American Journal of Energy Research，2014，2（1）：9 - 17.

[79] 王丽丽. 浙江能源—经济—环境协调发展研究——基于能源环境公平性视角 [D]. 杭州：浙江理工大学，2010.

[80] 邓玉勇，杜铭华，雷仲敏. 基于能源—经济—环境（3E）系统的模型方法研究综述 [J]. 甘肃社会科学，2006（03）：209 - 212.

[81] 晏艳阳，宋美喆. 我国 3E 系统内部关系及影响因素的实证研究 [J]. 经济学动态，2011（1）：46 - 49.

[82] Oliveira C，Antunes C H. A multi-objective multi-sectoral economy-energy-environment model：Application to Portugal [J]. Energy，2011，36（5）：2856 - 2866.

[83] 郑丽琳，朱启贵. 纳入能源环境因素的中国全要素生产率再估算 [J]. 统计研究，2013，30（7）：9 - 17.

[84] Griggs D，Stafford-Smith M，Gaffney O，et al. Sustainable development goals for people and planet [J]. Nature，2013，495（7441）：305 - 307.

[85] 林卫斌，陈彬. 经济增长绿色指数的构建与分析——基于 DEA 方法 [J]. 财经研究，2011（4）：48 - 58.

[86] Ramsey F P. A mathematical theory of saving [J]. The Economic Journal，1928，38（152）：543 - 559.

［87］Romer P M. Increasing returns and long-run growth ［J］. Journal of Political Economy, 1986, 94（5）: 1002 – 1037.

［88］Galor O. Convergence? Inferences from theoretical models ［J］. The Economic Journal, 1996 106: 1056 – 1069.

［89］Abramovitz, M. Catching Up, forging ahead, and falling behind ［J］. The Journal of Economic History, 1986. 46（2）: 385 – 406

［90］Cohen W M, Levinthal D A. Absorptive capacity: A new perspective on learning and innovation ［J］. Administrative Science Quarterly, 1990, 35（1）: 128 – 152.

［91］Keefer P, Knack S. Why don't poor countries catch up? A cross-national test of an institutional explanation ［J］. Economic Inquiry, 1997, 35（3）: 590 – 602.

［92］Nelson R R, Sampat B N. Making sense of institutions as a factor shaping economic performance ［J］. Journal of Economic Behavior & Organization, 2001, 44（1）: 31 – 54.

［93］Jones C I, Romer P M. The new Kaldor facts: Ideas, institutions, population, and human capital ［J］. American Economic Journal-Macroeconomics, 2010, 2（1）: 224 – 245.

［94］Coe D T, Helpman E, Hoffmaister A W. International R&D spillovers and institutions ［J］. European Economic Review, 2009, 53（7）: 723 – 741.

［95］梁军. 劳动生产率增速变动与日本经济长期低迷 ［J］. 日本学刊, 2014（6）: 93 – 109.

［96］干春晖, 郑若谷. 改革开放以来产业结构演进与生产率增长研究——对中国 1978—2007 年 "结构红利假说" 的检验 ［J］. 中国工业经济, 2009（2）: 55 – 65.

［97］Cleveland C J, Costanza R, Hall C A S, Kaufman R. Energy and the U. S. economy: A biophysical perspective ［J］. Science, 225: 890 –

897.

[98] 陈诗一. 节能减排、结构调整与工业发展方式转变研究 [R]. 北京：2011.

[99] Kander A. Economic growth, energy consumption and CO$_2$ emissions in Sweden 1800 – 2000 [M]. Lund University, 2002.

[100] 徐凡. G20 机制化建设与中国的战略选择——小集团视域下的国际经济合作探析 [J]. 东北亚论坛, 2014 (6): 35 – 45, 125.

[101] UNEP. Global green new deal: An update for the G20 Pittsburgh summit [R]. Pittsburgh, 2009.

[102] Lee J W. The contribution of foreign direct investment to clean energy use, carbon emissions and economic growth [J]. Energy Policy, 2013, 55: 483 – 489.

[103] 齐绍洲. 中欧能源效率差异与合作 [J]. 国际经济评论, 2010 (1): 138 – 148.

[104] 蒋昭乙. 碳排放、全要素生产率与"金砖国家"合作发展 [J]. 世界经济与政治论坛, 2012 (6): 86 – 99.

[105] 李梦蕴, 谢建国, 张二震. 中国区域能源效率差异的收敛性分析——基于中国省区面板数据研究 [J]. 经济科学, 2014 (1): 23 – 38.

[106] Freitas, B. The role of global institutional frameworks on the diffusion of renewable energy technologies in the BRICS countries.

[107] Freitas I M B, Dantas E, Iizuka M. The Kyoto mechanisms and the diffusion of renewable energy technologies in the BRICS [J]. Energy Policy, 2012, 42: 118 – 128.

[108] Zhang X P, Cheng X M, Yuan J H, et al. Total-factor energy efficiency in developing countries [J]. Energy Policy, 2011, 39 (2): 644 – 650.

[109] 李子伦. 产业结构升级含义及指数构建研究——基于因子

分析法的国际比较 [J]. 当代经济科学, 2014 (1): 89 – 98, 127.

[110] Liu H T, Xi Y M, Guo J E, et al. Energy embodied in the international trade of China: An energy input-output analysis [J]. Energy Policy, 2010, 38 (8): 3957 – 3964.

[111] Mielnik O, Goldemberg J. Foreign direct investment and decoupling between energy and gross domestic product in developing countries [J]. Energy Policy, 2002, 30 (2): 87 – 89.

[112] 王喜平, 姜晔. 环境约束下中国能源效率地区差异研究 [J]. 长江流域资源与环境, 2013 (11): 1419 – 1425.

[113] Honma S, Hu J L. Industry-level total-factor energy efficiency in developed countries: A Japan-centered analysis [J]. Applied Energy, 2014, 119: 67 – 78.

[114] Cook W D, Seiford L M. Data envelopment analysis (DEA) – Thirty years on [J]. European Journal of Operational Research, 2009, 192 (1): 1 – 17.

[115] Tone K, Tsutsui M. An Epsilon-Based Measure of efficiency in DEA-A third pole of technical efficiency [J]. European Journal of Operational Research, 2010, 207 (3): 1554 – 1563.

[116] Ai H S, Deng Z G, Yang X J. The effect estimation and channel testing of the technological progress on China's regional environmental performance [J]. Ecological Indicators, 2015, 51: 67 – 78.

[117] Gomez-Calvet R, Conesa D, Gomez-Calvet A R, et al. Energy efficiency in the European Union: What can be learned from the joint application of directional distance functions and slacks-based measures? [J]. Applied Energy, 2014, 132: 137 – 154.

[118] 刘玉海, 武鹏. 能源消耗、二氧化碳排放与 APEC 地区经济增长——基于 SBM-Undesirable 和 Meta-frontier 模型的实证研究 [J]. 经济评论, 2011 (6): 109 – 129.

[119] King R G, Levine R. Capital Fundamentalism, Economic Development, and Economic Growth [J]. Carnegie-Rochester Conference Series on Public Policy, 1994, 40: 259 – 292.

[120] Easterly W, Kremer M, Pritchett L, et al. Good policy or good luck-country growth-performance and temporary shocks [J]. Journal of Monetary Economics, 1993, 32 (3): 459 – 483.

[121] World Bank. 2005 International comparison program preliminary global report [R]. New York, 2007.

[122] 魏楚, 沈满洪. 规模效率与配置效率: 一个对中国能源低效的解释 [J]. 世界经济, 2009 (4): 84 – 96.

[123] Fernandes-Gutierrez M, Revuelta J. Angus Maddison's work as a reference in the study of the world economy [J]. Revista de Economia Mundial, 2010, 25: 261 – 269.

[124] 李政大, 袁晓玲, 杨万平. 环境质量评价研究现状、困惑和展望 [J]. 资源科学, 2014 (1): 175 – 181.

[125] 何建坤. 全球绿色低碳发展与公平的国际制度建设 [J]. 中国人口·资源与环境, 2012, 22 (5): 15 – 21.

[126] Cooper, W. W., Seiford, L. M., & Tone, K. Data envelopment analysis: A comprehensive text with models-applications, references and DEA-Solver software [M]. Kluwer Academic Publishers, Boston, 2000.

[127] Golany B, Roll Y. An Application Procedure for Dea [J]. Omega-International Journal of Management Science, 1989, 17 (3): 237 – 250.

[128] Chung Y H, Fare R, Grosskopf S. Productivity and undesirable outputs: A directional distance funct ion approach [J]. Journal of Environmental Management, 1997 (51): 229 – 240.

[129] Oh D H. A global Malmquist-Luenberger productivity index [J]. Journal of Productivity Analysis, 2010, 34 (3): 183 – 197.

[130] Carlino G A, Mills L O. Are US regional incomes converging-a

time-series analysis [J]. Journal of Monetary Economics, 1993, 32 (2): 335 – 346.

[131] 孙立成, 周德群, 李群. 能源利用效率动态变化的中外比较研究 [J]. 数量经济技术经济研究, 2008 (8): 57 – 69.

[132] Miller S, Upadhyay M. Total factor productivity and the convergence hypothesis [J]. Journal of Macroeconomics, 2002, 24 (2): 267 – 286.

[133] Wooldridge M. Econometric analysis of cross section and panel data [M]. Cambridge, MA: MIT Press, 2002.

[134] Evans P, Karras G. Convergence revisited [J]. Journal of Monetary Economics, 1996, 37 (2): 249 – 265.

[135] 高铁梅. 计量经济分析方法与建模 (第二版) [M]. 北京: 清华大学出版社, 2009.

[136] 李稻葵, 徐翔. 中国经济结构调整及其动力研究 [J]. 新金融, 2013 (6): 10 – 19.

[137] Kahrl F, Roland-Holst D. Energy and exports in China [J]. China Economic Review, 2008, 19 (4): 649 – 658.

[138] Kaufmann D, Kraay A, Mastruzzi M. The Worldwide governance indicators: Methodology and analytical issues [J]. Hague Journal on the Rule of Law, 2011, 3 (2): 220 – 246.

[139] 樊纲, 王小鲁, 张立文, 朱恒鹏. 中国各地区市场化相对进程报告 [J]. 经济研究, 2003 (3): 9 – 18, 89.

[140] 郑若谷, 干春晖, 余典范. 转型期中国经济增长的产业结构和制度效应——基于一个随机前沿模型的研究 [J]. 中国工业经济, 2010 (2): 58 – 67.

[141] Zhang Y B, Jin P Z, Feng D. Does civil environmental protection force the growth of China's industrial green productivity? Evidence from the perspective of rent-seeking [J]. Ecological Indicators, 2015, 51: 215 –

227.

[142] 朴光姬. 石油时代日本能源供给的"弱中东化" [J]. 宏观经济研究, 2008 (8): 68 –74.

[143] Lutz Mez. Nuclear and renewables: Compatible or contradicting? [J]. Wiley Interdisciplinary Reviews: Energy and Environment, 2012, 1 (2): 218 – 224.

[144] Wing I S. Explaining the declining energy intensity of the US economy [J]. Resource and Energy Economics, 2008, 30 (1): 21 –49.

[145] 张同斌, 官婷. 中国工业化阶段变迁、技术进步与能源效率提升——基于时变参数状态空间模型的实证分析 [J]. 资源科学, 2013 (9): 1772 –1781.

[146] 刘立涛, 沈镭. 中国区域能源效率时空演进格局及其影响因素分析 [J]. 自然资源学报, 2010 (12): 2142 –2153.

[147] Yoruk B K, Zaim O. Productivity growth in OECD countries: A comparison with Malmquist indices [J]. Journal of Comparative Economics, 2005, 33 (2): 401 –420.

[148] 程伟, 殷红. 俄罗斯产业结构演变研究 [J]. 俄罗斯中亚东欧研究, 2009, 01: 37 –41, 95 –96.

[149] Zhang M, Mu H, Ning Y, et al. Decomposition of energy-related CO_2 emission over 1991 – 2006 in China [J]. Ecological Economics, 2009, 68 (7): 2122 –2128.

[150] Robins N, Clover R, Singh C. A climate for recovery: The colour of stimulus goes green [J]. HSBC Global Research, 2009, 25: 1 –45.

[151] 郭文, 孙涛. 中国工业行业生态全要素能源效率及其收敛性 [J]. 华东经济管理, 2015 (2): 74 –80.

[152] 刘爱东, 刘文静, 曾辉祥. 行业碳排放的测算及影响因素分析——以10个国家对华反倾销涉案为例 [J]. 经济地理, 2014 (3): 127 –135.

［153］陈诗一. 中国的绿色工业革命：基于环境全要素生产率视角的解释（1980 – 2008）［J］. 经济研究，2010（11）：21 – 34，58.

［154］王兵等. 城镇化提高中国绿色发展效率了吗？［J］. 经济评论，2014（4）：38 – 49.

［155］张昭利，朱保华，任荣明，朱晓明. 贸易对我国二氧化硫污染的影响——基于投入产出的分析［J］. 经济理论与经济管理，2012（4）：66 – 75.

［156］Acemoglu D, Zilibotti F. Productivity differences［J］. Quarterly Journal of Economics, 2001, 116（2）：563 – 606.

［157］Doytch N, Uctum M. Globalization and the environmental spillovers of sectoral FDI［J］. The International Journal of Environmental Sustainabilit, 2012, 8（4）：17 – 24.

［158］Evans, J. Environmental Governance［M］. London：Rouledge, 2012.

［159］Stack J. Cleantech Venture Capital：How Public Policy Has Stimulated Private Investment［R］. Aztec Venture Network LLC, 2007.

［160］Next 10. 2015 California Green Innovation Index［R］. California：2015.

［161］杨泽伟. 发达国家新能源法律与政策：特点、趋势及其启示［J］. 湖南师范大学社会科学学报，2012（4）：5 – 12.

［162］Bizet R. Early Decommissioning of Nuclear Power Plants：Is There an Economic Rationale？［J］. Electricity Journal, 2015, 28（2）：53 – 62.

［163］WEF. The Global Energy Architecture Performance Index Report 2015［R］. Geneva：2015.

［164］邓智团. 经济欠发达城市如何应对快速城市化——巴西库里蒂巴的经验与启示［J］. 城市发展研究，2015（2）：76 – 81.

［165］程伟，殷红. 俄罗斯产业结构演变研究［J］. 俄罗斯中亚

东欧研究，2009（1）：37 - 41，95 - 96.

　　[166] Yang Y, Todo Y. Diffusion of Energy Saving Technologies through Foreign Direct Investment：Empirical Evidence from Indonesian Manufacturing [C]. 12th IAEE European Energy Conference，2012.

　　[167] 杨安. FDI 与产业结构优化升级的相关性研究 [D]. 山东大学，2013.

　　[168] 武志军. 韩国环境产业：做全球绿色经济的桥梁 [J]. 中国品牌，2014（12）：74 - 76.